Hugues Beaurain

Ma perche

Essai autobiographique

Entreprendre Editions

Dépôt légal : Février 2018

Entreprendre Editions
21 avenue des Oliviers – Etage 1.1
06800 Cagnes sur mer
Edition Nice

ISBN 13 : 978-2-900696-27-9
Prix ttc : 13,90 € - Copyright 62865-1

05/02/18 – v1.2

http://entreprendre-editions.com/#Livres

https://www.facebook.com/Monprojetdetri/

Illustrations Pat Reyolenjoy https://www.reyolenjoy.com/

Infographie couverture Yannick Lahoussine www.brakisto.net/

La perche d'Orion.

Entreprendre Editions

Ma perche

Prologue.

Je me suis dit que j'allais écrire un livre, comme si on était deux avec moi : la tête et le corps - ou la tête et le ventre. La tête et le cœur. La tête et le bas-ventre. Le corps et l'esprit. Corps et âme. Ça dépend des jours. Des jours et des lunes.

Ça fait un moment que l'idée me trotte dans la tête, comme si on était 3 finalement : la tête et le corps – et cette idée qui trotte... Le mental ! Mind, body and soul. L'idée remonte à bientôt 2 mois. Je l'avais alors formulée ainsi :

«**23**/03/17, devant le buffet continental d'un hôtel de Francfort... Par où commencer ? Par ce constat : ce buffet, c'est mon expérience - et elle est tellement riche que je vais en faire un livre. Un beau livre. Aussi coloré que les fruits d'un buffet. Aussi varié que les saveurs du plaisir. Un livre qui contiendra les senteurs de l'évasion. Des thés. Des œufs. Des graines. Le café noir et le pain blanc. La vie. Et des observations telles que :

Ce que l'on attend n'arrive que quand on a fini de l'attendre.

Faire la place à ce qui arrive.

On y va ?»

C’est énergique. Cette énergie après laquelle je cours. Et pour la rattraper, il me faut courir léger.

«*Il fait le vide dans sa tête*

Il fait le vide dans son cœur» (1)

Johnny Hallyday, écrit par Michel Berger en 1985. Un chanteur abandonné à la Rock’n’roll Attitude… Je pensais mes références pointues, mais les mélodies qui viennent sont celles du cœur. Le mental a beau dire.

«*Vivre, c'est comme aimer*

Vivre, c'est partager

Jamais abandonner» (1)

Faire le vide et faire le tri. Un livre comme un projet de tri, qui commence ainsi, au mitan de ma vie. 43 ans vers **44**. Sortie 44. Sortie Antibes. J’ai vu la souffrance. J’ai beaucoup de chance.

Faire le tri pour éclaircir ce qui commence à s’épaissir. Faire la gym. Faire le tri pour reconstruire. Laisser passer la lumière. Ranger, apprivoiser, accepter, jeter, donner, vendre, transmettre.

J’ai connu l’amour avec un grand A, qui se vit sans y réfléchir. J’ai connu l’amour avec Sofia, qui s’en est allée, à la fin de l’été. Faire le tri pour retrouver l’énergie, la richesse. Parce que la richesse est dans nos cœurs. Le mien et celui de mes 2 garçons, Emil et Max.

Le deuil est une lourde épreuve. Cette épreuve demande plus d'ouverture que de courage. S'ouvrir sur demain. S'ouvrir à la légèreté. Pleurer la perte et sourire à la nouveauté.

Comme une envie de dématérialiser.

D'arrêter de courir. De souffler. Vivre avec son temps.

Quand Sofia est partie, j'ai vu la vie s'emballer. Sans balais. Sans ballet.

Mon premier tri s'est fait dans un tourbillon. De manière étourdie. Vider les tiroirs, les habits, les bijoux... Parce qu'elle avait des bagues et des tas de bracelets. «*Qui me fascinaient, qui me fascinaient.*» (2)

Et l'ovale de son visage.

Sofia était suédoise.

Un mythe. Un graal.

Alors que non.

La vie est ainsi faite. C'est comme ça. Il n'y a qu'à regarder.

Mes souvenirs d'enfance les plus marquants ont dessiné ce qui allait suivre.

Ma marraine Colette. La blondeur couleur des blés. La nudité. Le «*Super Trouper*» d'ABBA.

Un Super Trouper est un modèle de projecteur de poursuite de forte puissance utilisé dans les spectacles de grande envergure partout dans le monde (Source Wikipedia).

«*Et on démonte les projecteurs*» (1)

Dématérialiser.

J'ai donc vendu mes CD's. Vendu mes mélodies gravées, dont celle-ci :

«*Sing your life*

Any fool can think of words that rhyme

Many others do

Why don't you?» (3)

Le **23**/05/2017, j'arrête de stocker en permanence. On part en promenade.

L'amour. L'Amour.

Sofia. Sauver l'amour.

«Dis Papa, l'amour avec un grand A, c'est quoi ?

- C'est ce qui fait que tu es là.»

C'est aimer et être aimé. Se sentir aimé et s'aimer plus fort. Partager. Aller chercher. Construire. Créer. Prendre confiance et assurance. Monter. Le plus haut possible.

Souvent, l'un ou l'autre n'est pas prêt pour la montée. Il y a des faux départs et des abandons. Des chutes. On ne s'épargne pas la souffrance, mais on avance. J'ai beaucoup de chance.

«*Qu'est-ce qui pourrait sauver l'amour*

Et comment retrouver le goût de la vie

Qui pourra remplacer le besoin par l'envie» (4)

Surprenantes références.

En septembre 1993, je me suis retrouvé en Suède. J'insiste sur les mots. Je me suis retrouvé. Un heureux événement de parcours. À l'orée de mes 20 ans.

Je venais de passer 6 mois en stage en Suisse, au cœur de l'Emmental, sans avoir fait mon trou. Je sortais de 3 semaines de vacances un sac au dos dans les Cyclades grecques entre copains et je me souviens de cette arrivée en Suède à l'aube, le ciel était clair et l'horizon dégagé. J'étais arrivé.

Je me suis senti bien. L'environnement me parlait.

Pas de stress. Pas de tension. Cette tension qui crée de la poussière abrasive.

Le 29/09/1993, je l'ai rencontrée. Le 29/09/1993, je l'ai rencontré. Nous nous sommes rencontrés.

Ce n'était ni un coup de foudre, ni une promesse. Ni un feu de paille, ni un engagement. Elle m'a pourtant demandé du feu et j'en avais. La première lettre. Le petit 'a', qui grandit avec le temps, qui mange tout et offre tout. Le sel et le poivre de la vie.

Nos débuts ont été fugaces. On se raconte un peu. Pas trop. On se pose des questions. On ne se donne pas trop de réponses. On respecte l'essentiel. On savoure l'essentiel. La rencontre.

Je suis allé à la rencontre d'une autre quelques jours après, plus petite, les cheveux blonds plus longs, qui souriait moins, qui avait plus besoin qu'envie, qui se remettait d'une rupture. Je ne me souviens pas de son nom. La mémoire est sélective.

Sofia m'est revenue. Elle m'a pincé les fesses. Top départ !

«Oh my love for the first time in my life

My eyes are wide open

My eyes can see

I see the wind, oh I see the trees

Everything is clear in my heart

I see the clouds, oh I see the sky

My mind is wide open» (5)

Aimer et être aimé.

La ville s'appelait Skövde et le bois 'de Boulogne'. 'Boulognerskogen' en suédois. Je l'ai revue cet été de 2017. L'université s'est développée et les personnages ont changé.

Se sentir aimé et s'aimer plus fort.

Sofia avait longtemps vécu en France, à Paris. 4 ans. Sofia avait 4 ans de plus que moi. J'avais 20 ans. Elle en aura 44.

«Since I met you

This small town hasn't got room

For my big feelings

Violently happy

Cause I love you» (6) Violemment heureux.

Une couette. Une chambre. Le Grand Bleu. Cette musique qui prend le relai, qui prend sa place et remplit l'espace.

C’est Richard Wagner qui dit que «la musique commence là où s’arrête le pouvoir des mots».

Et ses paroles. Ces paroles… J’ai lu que lorsqu’on est heureux on aime la musique mais lorsqu’on est triste on en comprend les paroles.

La musique comme une évidence. Elle structure mon projet de tri. La vie.

Partager.

«*Violently happy*

But you´re not here» (6)

Aller chercher.

Notre histoire a démarré sous de bons auspices : on s’est nourri de manière équilibrée. Le sucre de la fête et de l’humour, les protéines du savoir, nos cultures, nos langues. Sofia parle français, j’apprends le suédois.

Le romantisme.

Un premier Noël suédois. La découverte des richesses culinaires de la côte ouest : les boulettes de viande, les saucisses du prince (Petit ?), les choux verts et jaunes, la tentation de Jansson, le saumon de Falkenberg, fumé et mariné, le hareng à toutes les sauces, la bière Falcon, l'aquavit de Scanie ou d'Aalborg… Le buffet de Noël avant celui de Francfort. Goûts et saveurs. Parfums et senteurs.

L'heure est au retour en France début '94, la poursuite de mon cursus scolaire. Et une première épreuve, celle de l'amour à distance. Des lettres enflammées, des appels téléphoniques minutés, des projets de voyages lointains et compliqués.

«*I don't care how much money I gotta spend*

Got to get back to my baby again» (7)

On s'écrit tous les jours. On se découvre la tête, comme on enlève un couvre-chef. On travaille les enveloppes, on ajoute des collages à l'intérieur, les lettres deviennent un journal. Nous sommes de tendres amants, correspondants. On se cherche à l'intérieur des textes, la connexion épistolaire crée un imaginaire. Nous nous laissons aller aux fantasmes les plus fous. On y croit. Très fort.

«*Well, she wrote me a letter*

Said she couldn't live without me no more» (7)

Je les ai toutes, ces lettres, dans mon armoire, comme si un jour, elles pourraient être relues. Je sais que toutes les miennes se trouvent dans un des cartons de Sofia, dans le garage en bas. Retour à l'envoyeur. Mon projet de tri.

Un de mes groupes fétiches cette année-là – Ride - venait de faire un album plus doux, inspiré par les Byrds. Cette romance qui me trottait dans la tête. Andy Bell, le guitariste, avait rencontré une suédoise – lui aussi ! Il était amoureux dans le texte :

«*I wanna be your relation*

I'm getting off at your station» (8)

Nous avons passé l'été ensemble en Suède. Et cet été 1994 a été à la hauteur de notre histoire, un des plus chauds jamais enregistrés. L'équipe de football nationale est revenue des Etats-Unis avec une médaille de bronze. L'heure est à la joie.

Nous partons pour Gotland en camping. Non loin d'Ingmar Bergman. Tout est possible. Notre histoire est possible. La vie est possible. Nous faisons l'amour sous la tente. Sous la chaleur. Gotland a des airs de Corse.

Construire.

Après s'être créé un imaginaire, il est temps de construire le réel. **Comment ? Quand ? Où ?**

«*Dream on dreamer life gets in your way*» (9)

L'histoire ne serait pas complète sans mention des anicroches et autres pannes, comme celle – de voiture – qui aurait pu changer le cours des choses de cet été. J'étais parti avant l'aube de ma Picardie natale un samedi matin, direction le Grand Nord. Peu après 9h, à l'approche des bouchons aux alentours de Brême, sous la chaleur d'Osnabrück, dans la plaine d'Ibbenbüren exactement – ces lieux qui marquent – tous les voyants de ma 205 XR sont passés au rouge. Je me retrouve sur la bande d'arrêt d'urgence.

«*Stranded on my own, stranded far from home*» (10) comme ont crié les Saints en 1977.

L'Allemagne est délicieuse, qui vous envoie des patrouilleurs des différentes compagnies d'assurance à la moindre avarie... J'en ai compté 3, de 3 compagnies différentes. La première, rouge et blanche comme une ambulance, essaiera de redémarrer mon bolide – avant de me tracter jusqu'à la prochaine aire.

Une compagnie jaune viendra ensuite s'enquérir de ma situation... «J'attends qu'elle refroidisse» (Je pensais qu'elle était aussi excitée que moi, cette petite voiture) Cette réponse n'a pas été jugée rationnelle pour un allemand – on m'a offert un rafraichissement.

Mon attente ne devait décidément pas respirer la quiétude... Une belle Mercedes s'est arrêtée à ma proximité, et son couple de quinquagénaires de me demander où j'allais (loin), si j'avais de quoi manger (non) ou boire (ce rafraichissement), et si j'avais des Deutsche

Mark ! Je les écoutais, l'émotion commençait à me prendre la gorge. «On ne peut pas vous emmener – mais voici toujours 30 DM.» Je n'en revenais pas. Les anges de Wim Wenders venaient à mon secours !

La troisième compagnie – dont je ne me souviens plus de la couleur – me proposa d'appeler une dépanneuse, ce que je finis par accepter. Le moteur était maintenant bien froid et la journée bien entamée – il était temps de bouger. J'arrivai alors dans un village. L'assurance m'avait trouvé un garage Peugeot et une auberge sur la place du village. Ne restait plus maintenant qu'à réparer.

Je tournai autour du garage fermé – la vie d'avant les téléphones portables a un charme d'antan. Je finis par rencontrer un mécanicien, qui habitait tout près, et qui me dit qu'il devrait pouvoir exceptionnellement s'en occuper le lendemain matin : un dimanche ! Puis je regagnai ma chambre, désolé - alors que de toute évidence, la chance me souriait. Et la vie m'apprit une leçon :

Ne jamais baisser les bras. Ne jamais perdre espoir : **ce qui doit se faire se fait.**

Prendre confiance et assurance. Monter. Le plus haut possible.

«*I've never felt so good*

I've never felt so strong

Nothing can stop us now» (11)

La chance.

Rentrée 94. Un an que ça plane pour nous. **Comment ? Quand ? Où ?**

Nous ne sommes pas à un âge où on attend beaucoup. Nous avons envie.

«*It's a question of lust*... L'envie. Le désir.

It's a question of trust... La confiance.

It's a question of not letting what we've built up

Crumble to dust

It is all of these things and more

That keep us together» (12)

Sofia vivait au son de Depeche Mode. Et Billie Holiday. **44** ans.

Comment ? Je dois faire mon service militaire. Une coopération à l'étranger semble être la solution toute trouvée. 16 mois. Mais cette expérience est très recherchée.

Quand ? Je dois être diplômé à l'été 95. Mais il me reste un Stage de Recherche et d'Application de 3 mois à effectuer avant cela...

Où ? Stockholm. Göteborg. Malmö. Tout me sied.

Mon plan est farfelu. Je ne trouve absolument rien. Le rêve reste un rêve. «I said dreamer, you're nothing but a dreamer» (13) Je ne suis ni le premier, ni le dernier.

Un étudiant vient à ma rencontre au mois de novembre : «Dis, tu as vu qu'un C.S.N.E. (coopération en entreprise) est affiché au tableau d'annonces ? En Suède... Un truc pour toi, ça !»

J'hallucine. Je cours voir. C'est vrai en plus ! À Bromma, en proche banlieue de Stockholm. Il y est demandé de parler suédois. En gras et souligné.

Je file voir Françoise Chadelaud, notre responsable des stages, et je veux en savoir plus : l'annonce a fait le tour des écoles de commerce depuis 2 mois et il semblerait qu'il n'y ait aucun candidat dans ma classe d'âge qui parle le suédois... Et moi, est-ce que je le parle suffisamment ? Nous verrons : **ce qui doit se faire se fait.**

«*I said "far out, what a day, a year, a life it is!"*

You know, well you know, you had it comin' to you» (13)

Je prends les coordonnées d'un certain Per Häggqvist, directeur marketing chez Alcatel Business Systems, et appelle pour convenir d'un rendez-vous téléphonique. Je tombe sur une aimable réceptionniste, à qui je demande s'il est possible que M. Häggqvist me rappelle... **Maintenant !**

Je me souviens avoir pensé qu''à sa convenance' sonnait mieux, mais l'époque n'était pas encore aux téléphones portables et à quoi bon attendre. J'explique que je ne suis pas chez moi plus de 30 minutes avant de retourner en cours. On me répond que M. Häggqvist est un homme occupé... Qui me rappelle dans les 5 minutes.

L'appel est très factuel – et en anglais. Il s'agit d'être disponible le plus tôt possible. Je suis le seul candidat. Je propose d'y effectuer mon stage de 3 mois - qui constituera une période d'essai - et de faire le nécessaire pour être incorporé pour 16 mois en juillet 95, à ma sortie de l'école – sortie que j'espère diplômée ! Per Häggqvist n'y trouve rien à redire et me suggère de revenir vers le coopérant actuellement en poste pour définir le contenu de ma mission.

Je termine consciencieusement en rappelant que l'annonce stipule que le candidat doit parler suédois...

«Mais vous parlez bien le suédois ?

- Ja !» répondis-je.

Le destin. La chance. Et le vent qui nous souffle dans le dos.

«*Work it out someday*

Oh ma, ma, ma, ma, ma, ma, ma, ma

you can see anything you want, boy» (13)

Je l'aime cette chanson.

Dans son journal – que je traduis – Sofia écrira, après une pause d'écriture de plus de 2 ans... «J'ai gardé pour la fin le plus important qui s'est passé pendant ce temps... J'ai rencontré une personne merveilleuse. (...) C'est fantastique de sentir qu'il veut être ici parce que je suis là. Mon cœur déborde, les papillons battent des ailes dans mon ventre. Je ne peux pas décrire ce que je ressens avec des mots. J'aime mon Hugues à moi»

On était partis pour un bout. Mis sur des rails. Les ailes du désir.

Le rêve.

La vie comme un rêve. Je quitte une nouvelle fois mon chez-moi, ma France, pour aller vivre mon rêve. Je reprends ma 205, «bercé de tendre insouciance». Aucune panne à l'horizon. Je pense au 'Dreamin' Man' de Neil Young, lu bien plus tard. Je l'étais bel et bien.

Sofia et moi retournerons vivre en chambre étudiante à 2 - puis chez des amies en vacances, sur Fridhemsplan. Elle a trouvé un travail en ambassade. Nous voulions nous installer à Södermalm, l'île sud de Stockholm, étudiante et bohême - comme on ne disait pas encore en 1995.

Déterminés. Trouver un nid douillet n'était pas chose facile, tout comme aujourd'hui. Sofia cherchait. S'en sont suivies de délicieuses périodes et d'amusantes anecdotes :

La première lorsqu'elle m'a rapporté une première trouvaille pour le moins farfelue : les Forsgren avaient un grand appartement qu'ils louaient à des amis, sur Birger Jarlsgatan - la rue de Birger Jarl - dans les beaux quartiers Est de Stockholm. Idéalement situé, près des cinémas et autres bars, salles (Gino) et restaurants (Kjellsons) où nous avions nos habitudes. Adresse intouchable, au **44**. Taille gigantesque, nous dirons 260 m2. Les Forsgren voyageaient souvent, avaient une maison – et des chevaux - à Eskilstuna, lui était conseiller militaire à Dubaï... Nous dirons qu'il vendait des armes, pour faire simple.

Cet appartement étant trop grand et trop beau pour rester vide, les Forsgren avaient décidé de nous le sous-louer - en 3ème main ! - avant d'en savoir plus et de le rendre à leurs amis. L'arrangement était le suivant : pour un loyer très bas, équivalant à 400€ d'aujourd'hui, nous pouvions occuper la cuisine et une chambre, disposer d'une douche et du séjour, mais ne pas trop recevoir et surtout de 'les' recevoir lorsqu'ils souhaiteraient séjourner à Stockholm. De mémoire, cela n'arriva qu'une fois et nous sommes restés à cette adresse jusqu'à fin-'95. De bien luxueux privilégiés pour entamer ce séjour suédois.

Je reviens sur les détails, car cette trouvaille nous a été tellement bien présentée à l'époque qu'elle me semble aujourd'hui comme inscrite dans notre histoire. Ancrée au **44**. De la rue de Birger Jarl. Je ne me souvenais plus du numéro. Je l'ai retrouvé après quelques recherches, en première page d'un précieux carnet de numéros de Sofia, où toutes ces adresses et numéros sont restés gravés...

Le groupe Radiohead a écrit récemment «The future is inside us. It's not somewhere else. The numbers don't decide». Thom, Jonny, que c'est beau... Le futur est en nous. Nulle part ailleurs. Les nombres ne décident pas pour nous. Et pourtant.

Birger Jarl a vécu il y a bien longtemps, du temps de notre Saint-Louis. Sauveur de Lübeck assiégée, vaincu par Alexandre Nevski sur les bords de la Neva, il soumet la Finlande, régent et non roi, fondateur de Stockholm. Sa seconde épouse Metchtilde de Holstein porte le même nom que mes futurs employeurs parisiens - mais je m'emballe et pèse (source Wikipedia 'augmentée').

La rue me rapporte cette salle, le Gino, où j'ai vu Blur et Gene, aux lignes si claires. Ces cœurs brisés :

«*I cross the road. Just to hide. And to avoid the times. When you stood. At my side. Still battered by the tide. A wreck exposed. At my door. My eyes they cannot lie. So get up from my floor. For you, you've had your time. Your chance has gone. You're not so strong. Your words they cannot harm me now*» (14)

Ces lignes où l'on essaie de toujours se tenir fier malgré la peine, la déception.

«*But with all the things that I've said. I'm still haunted by you. In every town, every place. You're waiting... Yes you, you're in my way*» (14)

Et où l'on doit bien admettre que la blessure est là, vive. L'amour.

Combien de chansons d'amour ? Combien de chansons d'Amour ? Les seules qui marquent. Puisque sans Amour il n'y a plus de chansons. Plus d'art. Plus de vie.

La deuxième période, deuxième anecdote, arrive à la fin de cette même année, où nous devons déménager, continuer le chemin : vers Söder. Södermalm. L'île sud.

Et cet appartement visité, sur Samaritgränd. Une ruelle. La ruelle du samaritain. Un appartement en 2ème main cette fois. Nous nous approchons de la légalité. Le détenteur du contrat de location, Kargsten, a montré son appartement à tant de couples bien sous tous rapports, que je me souviens m'être dit... «Je suis un coopérant français, je ne déclare aucun revenu en Suède. Tu travailles en ambassade, tu ne déclares rien non plus. Nous sommes jeunes et innocents... Comment allons-nous être sélectionnés parmi 50 autres intéressés ? Mieux vaut ne pas y penser !»

Et Kargsten a rappelé Sofia. Ce qui devait être fait.

«Mais pourquoi ?» demandai-je. «Pourquoi sommes-nous élus ?»

La réponse est plaisante : nous avions laissé nos coordonnées et une succincte présentation sur une feuille imprimée, d'un jaune pétard. Un jaune couleur soleil. LE jaune. Et le jaune l'a emporté devant tous les blancs. Merci Kargsten.

Nous avions des amis au fond de notre ruelle. Birgersson était leur nom sur la porte. Fils de Birger.

«*Still the searcher must ride the dark horse racing alone in his fright. Tell me why, tell me why*» (15)

Je continue de chercher comme ce chercheur, que chante Neil Young, seul sur son cheval noir, ma peine au cou. Et les réponses me viennent chaque jour que j'écris.

Le voyage.

La vie, l'amour, comme un voyage. L'amour qui nous fait avancer sur ce «long, long chemin». De nid en nid.

Troisième période, troisième anecdote, troisième étape dans ce même quartier. Nous déménageons 1 an et demi plus tard à plusieurs centaines de mètres, le long de cette même rue que je remonte tout le temps, où passe le bus 54, qui deviendra simplement **4**, le **4** : Rosenlundsgatan. La rue Rosenlund. Comme un bouquet de roses. Un bosquet de roses.

«*I've started out for God knows where*

I guess I'll know when I get there» (16)

Après bien des expériences, la fin de ma coopération et un nouveau retour à Stockholm pour continuer l'aventure, nous sommes en mesure d'acheter notre premier appartement. J'ai vendu des livres de cuisine, des CD's, des décodeurs… J'ai fait du porte à porte. Avant de trouver un premier poste de logisticien chez HMR. Pas que nous ressentions ce besoin d'être propriétaires, mais cette étape est dans la lignée de notre construction. Un 'bostadsrätt', un bail emphytéotique, un droit d'habitation pour **99** ans.

The Verve chantent «Lucky Man», qui résonne encore et encore.

«*Happiness*

Coming and going

I watch you look at me

Watch my fever growing

I know just who I am» (17)

Un homme heureux. Avec du feu dans les mains.

Nous repérons donc un appartement près de la Gare Sud, Södra Station. 320,000 couronnes suédoises. Pas une grosse somme quand on repense aux prix d'aujourd'hui, largement ce que l'on gagnait en un an à deux – mais il nous passe sous le nez sans que l'on comprenne bien pourquoi. Enchères non-respectées. Rageant. Nous avions fait une offre à 325.

Nous retombons sur la même annonce 2 semaines plus tard dans une autre agence. 340,000 couronnes cette fois. Nous ne comprenons toujours pas...

L'acheteur a déjà remis en vente son bien sans respecter le délai légal. La vente est cassée. L'appartement nous revient... à 320. **Ne jamais baisser les bras.**

Comme disaient les Shamen : «Je peux bouger-bouger-bouger n'importe quelle montagne».

Évidemment.

Après avoir vécu ensemble un été record, nous traversons ensemble un hiver record : un mois de janvier où il gèle même le jour. La glace ne fond plus. Nous nous tenons chaud.

Intéressant – je disais souvent 'marrant' – comment les souvenirs de cette construction ne sont que des étapes - alors que seul le contenu compte. Nous avons passé **4** ans à Stockholm.

J'y ai appris à travailler, à respecter l'autorité, l'environnement, à m'organiser, à nous organiser, à profiter et à nous épanouir. J'ai appris la vie sociale, les amis et la fête.

J'ai connu un environnement de travail français en Suède – assez frustrant pour le management français (le paternalisme ne fonctionne pas) – et un environnement de travail suédois, empreint de consensus et de décisions collégiales. Le consensus – tout comme ce 'collège' – est un non-dit, une évidence. Pour être heureux, il faut l'accepter. Tout comme pour être heureux, il faut accepter que l'Autre ait raison.

La société est simple en Suède, dès que l'on a un numéro d'identification personnel (personnummer) et que l'on n'a pas peur de l'Etat-providence, de sa main protectrice et bienveillante. La confiance. Comme dans un couple.

À partir de là, tout devient possible. Voyager partout autour et s'enivrer jusqu'à la gueule de bois. La gueule de bois fait des ravages en Suède. Elle fait ressortir la routine, la rudesse du climat, le sentiment exaspérant d'une société qui s'emballe, gère tout toute seule, et rend le spécial, l'original, le cool, très rapidement commun.

«*The sweetest way to die*» (18), comme chantaient les Cardigans en '98. Et la splendide Nina Persson. Erase and rewind.

Qu'est-ce que c'est que '**rendre le spécial commun**' ? Pour prendre l'exemple de l'alcool, qui n'est toujours distribué que dans une chaîne de magasins d'Etat - le 'système', Systembolaget - c'est flairer les tendances et démocratiser, rendre massivement disponible ce qui ne l'était pas, du Calvados au rosé de Provence. Jusqu'à ce que de spécial il n'y ait plus. Comme parfumer les chips à la truffe...

Ou rendre une destination rêvée - la Thaïlande dans ces années-là – un rêve à portée de main et de portefeuille. Les restaurants reprennent alors le thème... Ça se voit ailleurs. En Suède, ça se voit encore plus.

«*I'm losing my favourite game*» (18)

Mais le soleil brille plus fort en Suède ! Il fait ressortir ces couleurs minérales qui n'ont de place qu'au bord de l'eau, des pierres, des pins et des bouleaux : le rouge de Falun et toute la palette des couleurs qui fait chatoyer les maisons de bois et les superbes bâtiments de Stockholm.

Tous ces blonds visages qui s'arrêtent et sourient au soleil.

On fait la fête en Suède, comme cette soirée costumée où nous avions convié tous nos amis, qui devaient revêtir un uniforme de notre choix. Au choix parmi 9. Mais tout le monde s'était vu cocher la case 'polis'/Police. Libre à chacun d'en faire un gendarme ou Starsky et Hutch. Ou ces soirées qui se finissent au petit matin par un bain nu. Un souvenir qui réchauffe !

Jusqu'à ces rentrées de septembre où les collègues ne parlent que de Noël, et ces rentrées de janvier où les collègues ne parlent que de Midsommar ou des prochaines vacances d'été.

On l'a provoqué tout seuls, notre départ. Notre envie d'ailleurs – et de mers un peu plus chaudes – portés par un amour qui nous donnait des ailes d'ange.

«*When I know the time is right for me*

I'll cross the stream, I have a dream» (19)

L'effort. Le travail.

Sofia et moi avions les mêmes attentes géographiques. La mer et le soleil. Pourtant, le travail nous a fait passer par Paris. Un saut dans le temps. L'année...

«*I was dreamin' when I wrote this... It's **1999**!*»

Ma dernière année pour mon précédent employeur suédois m'a fait découvrir et maîtriser le paramétrage d'un système de gestion en vogue du nom d'SAP. Je rejoins une société parisienne de conseil en tant que consultant et retourne chez Alcatel, à Strasbourg, pour l'installer. Je fais le déplacement toutes les semaines, je vis à l'Hôtel de la Gare, je gagne bien ma vie, je le fais pour nous.

Je pourrais faire de notre arrivée à Paris une quatrième période, une quatrième anecdote, une quatrième étape... Avant la cinquième. Le quartier des Petits Carreaux, près des Halles, mes lointains souvenirs des années 80. Rue Tiquetonne, je pousse tout de même la porte d'une agence immobilière, alors que de toute évidence, nous sommes dans un quartier prisé. L'agent n'est pas très affable, mais...

«*I'll try my luck with you*

This life is on my side» (20)

Je lui explique ce que l'on cherche, ils ne font que de la vente, mais je le sens presque embêté de m'avouer qu'ils ont malgré tout un produit à la location dans la rue… Et il nous y emmène sans attendre. Un appart' en 4ème étage, lumineux, une belle collection de fenêtres sur cour. Formidable. Fait pour nous. Notre plan se déroule.

Nous avons fait une bonne affaire en revendant notre précédent nid suédois – et Sofia s'autorise une pause. Je fais l'effort de rester dans un boulot dont seuls les déplacements m'intéressent. Je m'ennuie et rêve déjà à la suite.

Nous nous entendons à merveille, Sofia et moi.

L'année qui suit, je tombe sur un groupe, Coldplay, à La Scène, près de Bastille…

«*We've been living life*

Inside a bubble» (21)

Et notre bulle attire. Paisible. Nous sommes rejoints à Paris par nos amis de New York. Fin '99, j'arrête l'ennui, fini d'attendre, je ne serai plus consultant et je retourne un peu en Suède. Je travaille maintenant pour un site d'achat groupé sur internet d'origine suédoise fondé par 2 frères : Johan et Fredrik Staël von Holstein. Une passerelle entre Birger Jarl de Stockholm et Nicolas de Staël d'Antibes… Peut-être évidemment.

Sofia reprend le boulot…

«*Confidence in you*

Is confidence in me

Is confidence in high speed» (21)

L'année 2000 voit arriver nos 7 ans passés ensemble.

«*Hey girl, move a little closer. 'Cause you're too shy shy*» (22)

À l'été 2000, après 6 mois passés dans une S.S.I.I. (société de services en ingénierie informatique) à Vélizy et trop de temps dans les transports, Sofia prend les devants et trouve un boulot sur la Côte. Cet été-là, je m'entretiens avec son père de mes intentions : une demande en mariage. À la rentrée de septembre, le jour anniversaire de notre rencontre, le 29/09. 7 ans. J'insiste sur ce 7, car j'ai lu plus tard – et j'ai pu me rendre compte – que c'est un cap (une péninsule). On accélère.

«*High speed you on*» (21)

Mon employeur en ligne souffre de l'explosion de la bulle internet, lui. Qui n'aura sans doute pas résisté au crash du Concorde. J'ai la chance de faire partie d'un plan de départs volontaires qui va me rapprocher de Sofia, de la Côte, de notre vie de famille et d'une cinquième étape : un nouvel appart', une nouvelle résidence !

Antibes.

Je pousse la porte d'une agence avec le sourire, après une semaine passée à chercher. Je sens, du fond de son local, que le responsable a quelque chose pour nous. Très fort.

On commence à joindre les bouts, à connecter les points… Les chiffres.

Au **644**.

«*I just want someone to say to me, oh*

I'll always be there when you wake, yeah» (23)

Je veux que quelqu'un me dise qu'il sera toujours là quand je me réveille.

La vie.

«My mama said

That your life is a gift» (24)

Il avait raison Lenny – le nom du chat de ma petite sœur – la vie est un cadeau. On oublie de se le rappeler pendant l'accélération, appelés – happés - que nous sommes par cette soif de découverte.

Nous avons vu New York, Bangkok, Sydney, Melbourne, Tel Aviv et Jérusalem. Témoins de notre temps. Certains passages furtifs sont souvent des avant-goûts de ce qui doit encore arriver. Of what is yet to come. La formule 'sonne' en anglais.

«And my mama said

There's much weight you will lift» (24)

À Stockholm, j'avais tout de même pris le temps d'être un rat de cinémathèque. J'avais dévoré des intégrales d'Ingmar Bergman, Woody Allen, Kubrick, Truffaut et Godard. Ma mère m'avait d'ailleurs fait passer cette carte que j'ai gardée, de Belmondo clope au bec, dans « À Bout de Souffle », devant cette affiche de film qui disait : **Vivre dangereusement jusqu'au bout**.

«*But I'm always on the run*» (24)

Arrêter de courir. Souffler. Vivre avec son temps.

Un film vu m'avait alors marqué : «La Vie rêvée des anges». Ces plumes qui se promènent, tout comme la musique de Yann Tiersen. Je ne l'avais pas vu lors de sa sortie en salles mais un peu plus tard, en DVD. J'avais été rappelé. Deux filles qui « vont d'aventures en aventures, l'une à la recherche de la vie, l'autre dans une quête difficile du bonheur» (Wikipedia). J'avais aperçu son réalisateur au Petit Fer à Cheval, à Paris, café où Sofia avait eu ses habitudes. Moi qui suis allergique aux plumes. Et à la poussière abrasive.

«every surface craves dust, for dust is the flesh of time» – Brodsky.

Toute surface capture la poussière, car la poussière est la chair du temps.

Nous commençons à prévoir et préparer notre mariage, que nous voulons pour une date symbolique : le **14/07**/2001. Une date bien française, avec beaucoup d'invités suédois.

Se projeter.

Nous nous lançons dans ce projet tout seuls et décidons de tout organiser à notre perfection. Même pas peur, puisque l'amour chasse la peur.

Vivre dangereusement jusqu'au bout.

Je recommence à travailler le 14/02. Mon cadeau de Saint-Valentin.

Nous nous marierons dans un château, celui de Vaugrenier. Et Sofia portera un autre cadeau, elle laissera passer la lumière et Emil vivra notre mariage de l'intérieur ! Elle est enceinte de 3 mois et demi lors de nos noces.

J'ai alors ressenti pour la première fois le besoin de poser l'événement. Cette responsabilité. J'étais prêt pour l'engagement. Cette construction. La famille et ses surprises.

Notre fête est un condensé de notre état d'esprit. Un condensé d'insouciance. 100 personnes s'y retrouvent pour notre communion. Il fait si chaud. Une pièce montée de glaces et sorbets par 40 degrés.

«*You can dance*

You can jive

Having the time of your life

Ooh, see that girl

Watch that scene

Dig in the Dancing Queen» (25)

Nos meilleurs amis sont nos témoins et nous unissent pour le meilleur et le pire.

J'veux qu'on rie. J'veux qu'on danse… Le générique de Rocky remplace la Marche Nuptiale.

Un ami australien photographe devait immortaliser l'instant et cassera malheureusement son matériel en chemin. Pas grave. On improvise.

Et ce cliché qui restera. Sofia et moi devant les bassins du château, les jets d'eau, autour d'un panneau Danger. Tout nous.

Livin' on the edge. **Jusqu'au bout.**

New York I Love You.

Notre mariage est suivi d'autres voyages. De noces. Nous décidons de retourner à New York chez nos amis début-septembre, et d'assister à d'autres noces. D'un ami suédois et d'une américaine. Les couples sont ainsi faits aujourd'hui : internationaux. Dans un monde décidément très petit.

«*The world is my oyster*

Ha ha ha ha ha........» J'ai le monde dans la poche.

Frankie Goes To Hollywood. «Welcome To The Pleasuredome» (1984)

Au retour, nous prévoyons quelques jours en Ecosse, avant Venise mi-octobre. La dolce vita.

Nous décollons le lundi 10/09. Et comme lors de notre précédente visite en 1996, nous arrivons bien fatigués en fin de journée et nous réveillons bien tôt le lendemain matin, dès 7h, en pleine forme.

Je parcours le journal, le programme... Le mariage de Thomas et Nina auquel nous devons assister n'est que le samedi suivant. La semaine est à nous. J'ai bien envie d'aller voir les Strokes.

«*New York City cops*

They ain't too smart» (26)

Sofia, Carin et moi prenons le café ce mardi matin. Il est 8h30. Nos amis habitent une ancienne fabrique de saucisses, sur Renwick Street, dans le quartier de TriBeCa (Triangle Below Canal Street, le triangle sous Canal). Je me dis que j'irais bien me promener vers les tours jumelles, il fait tellement beau. J'ai des fourmis plein les jambes ! Sofia nous fait remarquer sans réfléchir que les avions passent sacrément bas ; un peu comme quand ils survolent Antibes par mauvais temps. Puis nous entendons une explosion.

Il est 8h45, ce 11/09/2001. Et la semaine allait prendre une autre tournure.

«*Nina's in the bedroom*

She says, "Time to go now"

But leaving it ain't easy» (26)

Je regarde en bas dans la rue. Carin pense à une explosion due au gaz. Je regarde la tête des gens...qui regardent en haut...un trou béant.

J'ai l'impression de passer cette journée dans une autre dimension, sous adrénaline. Dans le présent, dans le réel – et dans le futur en même temps, l'irréel.

J'écrirai un témoignage, resté encore aujourd'hui sur le site de Libération :

«Témoin : Hugues et Sofia Beaurain (New York).

— 21 septembre 2001 à 00:54

Vision d'horreur depuis la terrasse. Les gens commencent à sauter des tours. Ils tombent comme des pierres, des ombres noires, contrairement aux papiers et autres débris qui s'envolent vers Brooklyn. Nous entendons un souffle énorme, suivi d'un tremblement. L'antenne est debout, la tour s'affaisse et s'écroule. Un des coins tiendra quelques instants de plus, et puis, plus rien. Notre mariage est toujours prévu pour samedi, mais nous ne savons pas qui pourra venir.» (27)

Cette date qui renvoie à une autre.

Je n'avais pas vu une longue vue dans l'appartement. Heureusement que je n'avais pas vu cette longue vue dans l'appartement. Heureusement. Ne pas trop en voir.

La tour Nord qui tombe, la tour Sud qui tombe, la tour 6 qui tombe.

Dans les jours qui suivent, je découvre ce qu'est la compassion, quand on assiste à la détresse de ceux qui ont perdu un proche – ou un travail, ou leur équilibre, leur innocence. Nous ne sommes pas chez nous et pourtant, l'intensité de ce que nous vivons nous en rapproche. L'humanité.

Je repense à la tête de Bruno Ganz/Damiel, cet ange qui écoute l'âme d'inconnus. (28)

La ville de New York offre la gratuité des musées cette semaine-là. Quoi de plus symbolique que l'art pour faire repartir la vie.

Nous avons beaucoup de chance, Sofia et moi. Chance de ne pas être dans la fumée des débris, chance de quitter New York dans le premier avion d'American Airlines à pouvoir repartir, chance d'être en vie. Tout simplement.

Nous continuons notre voyage en Ecosse sans valises. On se laisse porter.

Et le 21, c'est Toulouse qui explose.

Mes parents et mes sœurs n'ont rien. Mes parents et mes sœurs vont bien.

«*Le monde s'écroule, mais le monde c'est quoi*

Juste une grosse boule qui roule sous nos pas

La terre est ronde, mais la terre c'est quoi

Juste une seconde qui n'en finit pas» (29)

Le monde est petit.

Mes Petits Princes.

Naître le même jour que sa Maman… Fait-on meilleur cadeau d'anniversaire ? Emil en décide ainsi, le **15/01**/2002.

Il s'appelle Emil, comme Emil i Lönneberga, le livre d'Astrid Lindgren. Son premier prénom est Björn, comme son oncle – et comme Björn Borg. Il part avec un emblème… Et je ressens comme une félicité.

«*I am a child, I'll last a while*» (30)

Une envie de partager.

«*It's lots of fun to have you there*» (30)

Je lui écris un 'lavage de crâne' de 6 pages qui commence ainsi :

«But de la manœuvre : me rappeler un max. de scènes et situations (sons et couleurs) et les commenter avec mes grands yeux de 28 ans et demi. J'ai remarqué que je me sentais toujours bien après un beau récit !»

Un premier tri. Ma naissance à Dieppe. Le primaire, l'élémentaire et le moyen. 84-88 : mes années collège… Un premier partage.

«God gave to you, now, you give to me,

I'd like to know what you learned» (30)

Je me rappelle, en septembre de l'année dernière, m'être souvenu avec tendresse de cette année marquante. 28 ans. Tout comme à 20... Ou à 17. **44.**

Partager. Voir grandir. Découvrir. Apprécier. La tristesse et la joie. Le bruit et le silence. L'ennui.

La création.

Max arrivera comme une suite logique, peu de temps après, le **20/08**/2004. Max comme Alvy "Max" Singer, dans Annie Hall, de Woody Allen. Max est cool. Son deuxième prénom est Ingmar, comme Bergman. Proche d'Ingemar, comme son grand-père. Ingemar Stenmark. Emblème et références.

Un temps, nous voulons ajouter Rocky...

Un fils né l'hiver et le soir, un autre né l'été et le matin. Avec vue sur la mer. Quelle chance !

«The sky is blue and so is the sea

What is the color, when black is burned?

What is the color?» (30)

Nous les baptiserons tous 2 un **14/07**. En Suède. Dans l'église de Skrea. Lancés comme des bateaux, au Champagne, avec une fête de tous les diables à chaque fois. Petits yeux contre grands yeux. Un parrain qui fait un tout droit d'anthologie dans les bois, une marraine qui montre ses seins à la police depuis le balcon du Grand

Hotel... Du bonheur en barre Japp - le nom suédois du Mars.

Emil, 3,8 kg à la naissance, marchera tôt, dès novembre. Max, 4,6 kg, marchera plus tard. Chacun son poids, sa taille, son caractère. Chacun sa route. Chacun son chemin.

Ils vont bien.

Emil et Max vont bien. Max et Emil vont bien.

Je suis fier de mes garçons.

«*You are a man, you understand*

You pick me up and you lay me down again

You make the rules, you say what's fair,

It's lots of fun to have you there» (30)

Juste avant la naissance de Max, j'avais pris le temps de partir à l'aventure avec le parrain d'Emil. J'avais suggéré Chicago pour un tas de bonnes raisons. Frank Lloyd Wright et Mies van der Rohe. L'Art Institute et la Tour Hancock. Nous avons passé 2 semaines le nez au vent. Milwaukee et Calatrava. Madison et Saint-Louis.

À l'heure de rentrer, le **23/05**/2004, nous apprenons que le terminal 2E de l'aéroport de Roissy, où nous devions atterrir, s'est effondré. Faisant 4 morts. Accident qui fait encore parler de lui 13 ans après.

«*Accidents will happen*

We only hit and run» (31)

Plus ou moins longtemps.

‘We last a while’. Comme écrit Neil.

La joie et la tristesse.

«Faisons taire les mélancoliques

Avec notre propre rythmique et notre joie» (32)

J'ai eu mon premier iPod pour mes 30 ans, en 2003.

Que de musique j'ai écoutée. Que de musiques j'ai triées.

«Musique

Et que chacun se mette à chanter» (32)

En congé parental, Sofia avait passé le printemps 2005 à Falkenberg, en Suède, avant le baptême de Max – et avant de reprendre le boulot à la rentrée.

Son corps se remettait d'une deuxième grossesse. Les cycles reprenaient... Des jours et des lunes.

Sofia profitait. Filmait. Préparait. La vie qui vient.

Editors chantaient «Blood runs through your veins, that's where our similarity ends». Le sang coule dans tes veines.

Celui de Sofia coulait un peu trop souvent, un peu trop longtemps. C'est ici que s'arrête la comparaison.

Elle est allée consulter. La fête de baptême approchait. Et puis après on verra bien.

Des saignements. Blood on the Tracks.

«*I remember we were driving, driving in your car*

Speed so fast I felt like I was drunk» (33)

Le médecin suédois de Sofia lui conseille de prendre rendez-vous chez sa gynéco en France à son retour. Le frottis réalisé en Suède contient trop de sang…

«*You got a fast car*

But is it fast enough so you can fly away» (33)

On ne réalise pas l'urgence.

On commence à partager l'inquiétude – vite calmée par une famille bienveillante et qui en a vu d'autres.

Et si Sofia était à nouveau enceinte ? Et si c'était une fille ?

Si c'était une fille, on l'appellerait Lisa.

Le stress.

Donc l'histoire aurait pu continuer comme un conte de fées - un compte de faits - et Emil et Max auraient eu une petite sœur. Une petite sœur que l'on aurait appelée Lisa, comme Lisa des Simpson ou Lisa Stansfield – ou la jolie Lise, de « Rémi sans famille », que j'avais trouvée si belle étant petit. Elle aurait été baptisée un **14/07** comme ses frères et nous aurions encore repoussé les limites du n'importe quoi...

Mais Sofia a une bonne grosse tumeur maligne derrière le col de l'utérus et on redescend sur terre.

«*Oh, but dreams have a knack of just not coming true*» (34)

L'enchaînement est effroyable. Sofia rencontre la gynéco d'une voisine, qui l'envoie à l'hôpital de Grasse, qui l'envoie chez un oncologue à Mougins. **Le stress.**

Comme ce morceau de Justice si anxiogène.

«*And time is against me now...oh*» (34)

J'appelle mon père à la rescousse. La famille est là. Les amis. Qui ne peuvent pas grand-chose. Juste être là.

«*Oh, who and what to blame?*» (34)

Nous sommes jeunes et nous sommes forts. Je dis ‘nous’ car ce cancer qui frappe Sofia nous frappe nous. Notre petite famille. L’épreuve ultime.

L’oncologue de Sofia a une approche franche et pragmatique, que je ne juge pas... Quel métier...

Un avortement. Un traitement. Une opération.

Pas de perte de cheveux, non. Une épreuve, certainement.

«Beaucoup de couples ne s’en remettent pas et se séparent.»

Je me pince.

La taille de la tumeur n’est pas le plus grave... Je découvre cette maladie. Imprévisible. Dont on sait traiter les symptômes, mais que l’on ne sait pas confiner. Une maladie nucléaire. Qui rayonne et irradie d’un soleil blanc.

«*I sat in my room and I drew up a plan*

Oh, but plans can fall through (as so often they do)

And time is against me now...» (34)

La maladie.

«*Here is a plea*

From my heart to you» (35)

Elle est cruelle, cette maladie. Il est sournois, mon ennemi.

L'oncologue explique ce qui rend cette maladie compliquée - que je me surprends à ne pas nommer, pour ne pas lui faire de publicité.

Un ganglion 'a pris' - sous-entendu 'a pris l'info'. Le ganglion 'marque' au PET Scan. Il consomme du sucre… Tant d'images peuvent être faites.

Le PET Scan est un examen qui consiste à injecter une sorte de sucre fluoré dans le corps. Ce sucre est légèrement radioactif et va se fixer sur les tumeurs et/ou métastases (source Fondation contre le Cancer).

J'écris tout ça aujourd'hui, mais en 2005, je n'avais pas ce recul nécessaire.

«*Nobody knows me*

As well as you do» (35)

Des images.

En plus de cette tumeur chez Sofia, un ganglion renferme donc une métastase. Il fait peur, ce mot.

Imaginez un message, comme dans WhatsApp. La tumeur envoie un message, une information négative, l'ennemi communique et cherche à se reproduire… On voudrait le museler, cet ennemi. Nous aurions voulu réaliser l'urgence à temps - mais le message est parti.

Sur WhatsApp, un message parti, c'est une petite flèche. On peut encore le supprimer à la source.

Un message arrivé, c'est 2 petites flèches. On peut encore le supprimer en supprimant la boîte qui l'a reçu. Le ganglion.

Un message arrivé et lu, les flèches sont bleues… L'information circule et on court après. Il faut faire vite.

«*You know how hard it is for me*

To shake the disease

That takes hold of my tongue

In situations like these» (35)

Il en faudra du courage. Il t'en faudra du courage.

Je demande à l'oncologue en aparté… «Et si. Et si. Et si on ne fait que courir après l'ennemi ? S'il est plus fort ? Que dit la statistique ?»

Comme si je demandais à connaître la fin de l'histoire. 'Spoiler alert', comme on dit en anglais.

«La statistique nous dit 10 ans.»

Quel métier… Mais l'oncologue sera notre allié.

«*Understand me*» (35)

Sofia tape dans les coussins du salon.

«*Some people have to be*

Permanently together» (35)

De toutes ses forces.

Elle va se battre comme un taureau. 'En tjur', en suédois. Elle est forte. Si forte.

«*Lovers devoted to*

Each other forever» (35)

On ne fera aucune publicité à l'ennemi. On ne parlera jamais de la mort.

«*Now I've got things to do*

And I've said before that I know you have too

When I'm not there

In spirit I'll be there» (35)

On va le secouer, l'ennemi.

L’attente.

Dans la vie, on attend trop longtemps. Et on apprend. Sur tout. Et on apprend surtout. À tromper la mort. Qui nous attend. L’ennemi.

«*But honey I'm tired*

Tired of the wait» (36)

Les russes ont de belles habitudes et superstitions, comme celle qui veut que l’on s’assoie 2 minutes avant de partir en voyage. Il est d’usage en effet, avant de quitter la maison avec armes et bagages, «de s’asseoir pour la route». Je pensais que le banc près de la porte était pour mettre ses chaussures – et que cette habitude garantissait simplement de ne rien oublier en partant... Mais non. Le malin, le mauvais œil, l’ennemi, qui se cache au seuil de la porte d’entrée, ne doit pas se douter que l’on part. On s’assoit pour le tromper, pour lui faire croire que l’on ne part plus.

Si, en sortant de chez soi, on revient pour un truc oublié - par exemple, ses clés de voiture - il est impératif de se regarder dans la glace. Et pour conjurer le mauvais œil, il est d’usage de cracher trois fois (symboliquement, en prononçant trois fois «tfou») tout en regardant par-dessus son épaule gauche ou de toucher du bois, et à défaut, sa tête.

C'est un peu ce que l'on va faire avec Sofia après les premiers traitements et l'opération : on se concentre sur l'essentiel. On nargue la maladie. On va bien.

On ne laisse pas de place à la maladie, on ne laisse pas de place à la peur.

Ce sont des années où les enfants grandissent, où l'on bouge moins... «Travelling Without Moving», comme Jamiroquai en 1996. Voyager sans bouger. Où on laisse le monde bouger autour de nous.

Mon boulot ne change pas, mais mon entreprise change **4** fois de nom.

Nous ne quittons pas notre résidence, mais nous changeons 2 fois d'appart', pour passer d'un 2 à un 3 puis à un **4** pièces.

Nous ne laissons pas de place à la fatigue.

Sofia quitte un boulot qui la stressait dans la multinationale américaine pour qui elle était descendue sur la Côte et trouve un poste qui lui convient mieux dans une petite structure sur le port d'Antibes. Elle va travailler à pied. Elle ralentit.

Mon travail s'occupe de me faire bouger régulièrement, raisonnablement. Je découvre l'Asie du Sud-Est : Shanghaï, Pékin. Shenzhen, Hong-Kong, Taïwan. Elles sont nourrissantes, ces années.

La signification des chiffres...

LE CHIFFRE 4 (SI)

C'est le chiffre du malheur. En mandarin il signifie la mort ou mourir. D'où jamais de '**4**' nulle part.

Plutôt des 8.

LE CHIFFRE : 8 (BĀ)

Il est la star de tous les chiffres. Il est le nombre favori des chinois.

Je découvre la Tour Jinmao, à Shanghaï, possédant 88 étages, "l'immeuble de la prospérité d'or". Inauguré en 1998, il a été jusqu'en 2008 le gratte-ciel le plus haut de Chine (source Wikipedia).

Le 8/8/2008, la Chine inaugure ses jeux olympiques – et le cancer de Sofia se réinvite à notre table.

«*Love, I don't like to see so much pain*

So much wasted and this moment keeps slipping away

I get so tired of working so hard for our survival» (37)

Il nous reste l'espoir. **Hope is dope.**

La souffrance. La douleur.

Comme si la vie nous lançait un défi : et si la maladie se réveillait dans un ganglion bien caché, bien inaccessible… Générant une tumeur qui naîtrait cette fois sur le psoas, ce muscle qu'on aime à étirer ? Une tumeur dans un nœud gordien, qui jouxterait l'aorte et le nerf sciatique…

Enlever. Retirer. Opérer. Essayer de nous faire peur aussi. Se préparer au pire.

Sofia part à Marseille se faire opérer. Sofia part au bloc. Préparée à peut-être y laisser un rein.

Intérieurement, je boue et me révolte. Pourquoi cet acharnement ? Cette boucherie, ces cicatrices dans tous les sens.

Un test ? Un mauvais rêve ?

Je veux fuir. M'évader. Je m'évade en musique… Je cherche du réconfort chez les autres.

«*À chacun son chemin, chacun ses déchirures,*

Mais je les ressens comme toi» (38)

Des festivals et des amis. Les Eurockéennes, Primavera, Rock-en-Seine.

Le chirurgien de Sofia nous a été présenté comme ayant des mains en or. Je m'imagine Edward aux mains d'argent, ce personnage de Tim Burton. Et je positive. Nous positivons. Sofia est entre de bonnes mains.

Le négatif fait partie de la vie. Le positif attire et nous fait avancer. Il fait tourner la roue dans le bon sens.

Et Sofia se réveille. Sofia se réveille et souffre - mais elle est en vie.

Un médecin de la douleur lui administre des cocktails de médicaments à l'essai, pour engourdir le nerf touché, le nerf sciatique. Une des pires douleurs qui soient.

Sofia ne se plaint jamais, ne flanche jamais. Et se remet de cette nouvelle épreuve, ce test, avec beaucoup de talent. Je reverrai ce livre de Romain Gary dans sa bibliothèque «La Vie devant soi» et tomberai sur cette citation qui veut que le désespoir ne soit qu'un manque de talent. Elle en a.

Et nous voyagerons encore. Liverpool, Vienne ou Berlin. Sans plus attendre. Sauf 2 minutes. Avant de partir.

Le temps. La paix.

«Notre Papy, notre Grand-Papy, a eu autant de vies qu'un chat.

Emil l'imaginait maintenant dans un gros poisson.

Notre Papy nous a raconté tant d'histoires, récité tant de prières,

Toujours heureux, toujours joyeux,

Que Max se demandait s'il n'était pas plutôt un singe maintenant, ou un perroquet !

Notre Papy était gai et radieux comme le printemps,

Et Sofia a cru le voir dans un pinson qui chantait au soleil, hier matin.

Notre Papy était un homme fort et courageux.

Fier du chemin parcouru.

Notre Papy était fier de sa famille. Notre Papy nous aimait.»

Notre Papy qui allait avoir 88 ans.

Je suis resté avec Sofia cet hiver-là. Je n'ai pas lu moi-même les lignes ci-dessus, mais je lui ai souhaité la paix. La paix que mérite un homme bon.

Mon grand-père était italien, orphelin de mère. Il est parti au service militaire en 1941, puis en septembre 42, maintenir l'ordre en Croatie. 1 an plus tard, après l'armistice, le bateau qui devait le ramener en Italie, à Ancona, a été coulé par les allemands, le 19/11 à minuit. 43 rescapés sur 3000.

Plus tard, des tumeurs, il en a surmonté 2.

Patience et confiance.

«Una storia importante»

Le temps du répit.

Je lis le livre d'Eric Reinhardt «La Chambre des Époux» au moment de ce passage et me retrouve dans ses écrits. Transformer l'épreuve. Savourer l'union.

Page 15. «Quelles que soient les circonstances, coûte que coûte, objectif obsessionnel, produire de la beauté. Même avec un cancer. Surtout avec un cancer. La beauté du présent, d'être ensemble, de se battre, de s'aimer. L'intensité et la rareté. Le cancer peut être vécu comme quelque chose de positif. Son traitement ouvre une période pendant laquelle on chemine vers une libération.»

En 2011, j'ai l'occasion d'un voyage au Kazakhstan avec de bons vieux amis, puis l'opportunité d'un plan de départ volontaire dans mon entreprise. Je tiens mon projet. Sofia m'y encourage et je l'en remercie.

La pendule d'argent ne ronronne pas encore au salon. Nous n'attendons plus rien et notre monde n'est pas trop petit. Le temps d'un sanglot, nous oublions la pendule.

«*Cause it's a bittersweet symphony this life*» (39)

44.

J'ai longtemps cherché mon Far-West, mon élan. Me sauver.

Mon ami Vlad m'avait dit : «Tu ne regardes pas du bon côté !»

Toujours écouter les amis qui vous veulent du bien.

J'ai donc pris un billet pour Astana, capitale du Kazakhstan, au beau milieu de la steppe. 17 millions d'habitants. 5,5 fois la France. L'air chaud du mois de septembre. L'air chaud d'un pays qui se remet d'un été torride avant d'affronter un hiver glacial. J'y vois les couleurs du drapeau – celles du drapeau suédois, en plus clair, comme irradiées. Un bleu ciel. Un jaune couleur d'or. Un aigle.

«*Flying high, high, I'm a bird in the sky*

I'm an eagle that rides on the breeze

High, high, what a feeling to fly

Over mountains and forests and seas

And to go anywhere that I please» (40)

J'y ressens tout de suite une énergie, une effervescence, qui me rappelle mes premiers séjours en Asie du Sud-Est. L'Asie Centrale me fait du bien. Et si-et si.

Sofia m'avait dit d'ouvrir les yeux bien grands.

Fabian, mon autre compagnon de route (spoutnik, en russe) écrivait un carnet de route sur les anciens pays satellites soviétiques. Son 8ème voyage devait l'amener au cœur de la steppe kazakhe, au nord-est du pays, où la bombe russe a été mise au point.

«*Radioactivity*

Tune in to the melody

Radioactivity

Is in the air for you and me» (41)

Comme si j'allais confronter l'ennemi. Le regarder dans les yeux. Bien grands.

Nous partons pour Karaganda, le Pétaouchnok des Russes, via Temirtau, ville minière, noire de charbon. Un bassin métallurgique. Arcelor-Mittal. Une ville dure. La ville d'origine du président.

Hubert-Félix Thiéfaine écrira en 2014 une chanson sur Karaganda. «Nos futurs enchaînés, nos rêves insatisfaits». Une chanson tirée d'un album : «Stratégie de l'inespoir».

Nous visiterons nous aussi le Karlag, à Dolinka (Karaganda Lager 1, Camp N° 99), un camp de travail pénitentiaire - camp de rééducation par le travail, en russe. 800 000 détenus sur 60 000 km2, dans l'un des plus grands camps de travail du Goulag à l'époque de l'URSS. Soit exactement

2 fois la région PACA. On nous dira que le camp était si grand que les gardiens étaient eux aussi faits prisonniers.

Un train de nuit nous amène quelques jours plus tard à Pavlodar. Sur des couchettes en bois. La direction est fixée : nous nous rapprochons de Kurchatov et du polygone nucléaire de Semipalatinsk.

La radio me ramène régulièrement en Allemagne, juste après la chute du mur. Modern Talking, les Cranberries ou Nirvana. La libération. Une libération. Vers laquelle je chemine.

«*Girl, this game can't last forever*

Why we cannot live together» (42)

Pavlodar, «don de Paul», sur les bords de l'Irtych, cours d'eau de Sibérie, qui prend sa source en Chine. Et une mosquée impressionnante, copie du casque de Dark Vador ! Le côté obscur de la force.

Nous irons sonner les cloches de l'église orthodoxe et nous ferons la fête avec le diacre ce vendredi soir. Sur ses conseils (!), nous poursuivrons même la nuit dans le club 777.

J'ai 17 ans. Les sens en éveil. Je ne pense à rien. Juste à être là. Les filles dansent comme dans les clips vidéo. Elles ont pour prénom Kristina, Evguenia ou Oksana. Je me laisse étourdir. Je sais que c'est là.

Je revois Kristina le lendemain, à côté du théâtre Tchekhov, non loin de ce café, la Cerisaie.

Elle nous réserve une chambre à Kurchatov et nous quittons la ville – mais je suis piqué.

«*Well we know where we're going. But we don't know where we've been*

And we know what we're knowing. But we can't say what we've seen

And we're not little children. And we know what we want

And the future is certain. Give us time to work it out» (43)

Notre chauffeur pour Kurchatov est un allemand de la Volga. Qui conduit une Mercedes. De ces colons allemands invités par Catherine II à s'installer près de la Volga et de la mer Caspienne. Déportés pendant la Seconde Guerre mondiale à compter du 28 août 1941, à la suite de l'invasion allemande de l'URSS (source Wikipedia).

Je bois ce que je vois. Je sens l'ennemi. Kristina me rappelle. Elle a le 4 pour fétiche, le chiffre du malheur. Née le 04/07. Du signe du cancer. Un beau cancer tatoué dans le bas du dos. 'A tramp stamp'. Je retournerai la voir. À l'hôtel Pavlodar. Où l'on me donnera une chambre, la **44**.

«*There's a city in my mind*

Come along and take that ride

And it's alright, baby, it's all right

And it's very far away» (43)

Igor Vassilievitch Kourtchatov est un physicien soviétique. Il dirigea le projet de la bombe atomique soviétique.

«*We're on a road to nowhere*» (43)

Le chemin. La route.

Toute rencontre a sa raison. On ne rencontre pas les gens par hasard.

Et si le monde est absurde, s'il n'a pas de sens... Ma fiction lui en donne un.

Cette rencontre lointaine me donne l'énergie, l'excitation d'un nouveau projet.

«*High energy, yeah, your love is lifting me.*» Cet album d'Evelyn Thomas s'appelle 'Edge of Seventeen'. **17.**

Je mets dans ce nouveau projet tout ce dont j'ai toujours rêvé : la création de mon entreprise et la découverte de terres jusqu'alors inconnues. Je serai agent export vers les pays de l'Est. Vers le nouveau.

Every Step Of The Way

Le plan de départ volontaire de ma précédente entreprise m'offre la possibilité d'une formation, dans le cadre d'un congé de reclassement. Je choisis d'apprendre le russe. 195h de cours particuliers. Je mets 9 mois. Je m'y mets à fond. Et j'y arrive.

Un ami voisin travaillant dans l'arboriculture m'amène en voiture jusqu'en Russie. Au cœur de l'hiver, en plein mois de janvier 2012, je traverse la Hongrie, l'Ukraine, la Moldavie... Toute la péninsule de Crimée. Avant d'arriver au sud de la Russie, à Krasnodar.

Je résiste. Mon dos résiste. Je prouve que j'existe.

Sofia sait. Sofia sent. Nous sommes à des étapes charnières de nos vies.

Elle me l'écrit dans une lettre que je retrouverai. Elle m'écrit que l'amour fait mal, qu'elle est une femme amoureuse...

«Et je brûle d´envie de dresser autour de toi

Les murs de ma vie

C´est mon droit de t´aimer

Et de vouloir te garder

Par-dessus tout» (44)

Je lui demande pardon d'avoir rencontré quelqu'un d'autre et je coupe le contact kazakh. «Back dans les bacs» (45)

Le texte que Sofia m'écrit me bouleverse encore aujourd'hui :

«(...) Après des années pourries par les suites de la maladie, je pensais sortir encore plus forte, rassurée, posée, zen, heureuse, positive, avec l'énergie abondante pour tout dans la vie ! Ça arrive, mais pas à la manière stable que j'aurais souhaitée. J'y travaille. Je ne mets pas tout sur le compte des traitements non plus, c'est aussi la vie en général, les années qui passent, qui se rajoutent, et ça, c'est tout à fait normal.

Je t'ai fait vivre des cauchemars, j'en suis bien consciente, et je t'aime infiniment... Je te remercie d'avoir été à mes côtés pendant ces longues périodes noires. Et je te souhaite tout le bonheur du monde, je veux tout ce qui est bien pour toi, ça j'en suis sûre, dans mon cœur je le ressens. (...)»

Mes nouvelles activités arboricoles et viticoles deviennent également solaires et je retourne au Kazakhstan, à Almaty, avant de décrocher un beau contrat de collaboration avec une entreprise amie, sise dans mon village natal du nord de la France. Le chemin. J'y serai responsable de zone export et j'accomplis un rêve.

«Oui, mon amour, oui on a le droit de faire des erreurs, oui, oui oui. Et oui, on peut avancer et oui, on oublie et on apprend. Il me faut juste le temps, j'y travaille. (...)»

L'entreprise qui emploie Sofia sur le port d'Antibes met elle la clé sous la porte, mais nous sommes plus forts. Nous nous sentons plus forts.

«Il faut tourner les idées noires en énergie positive, j'en suis consciente. Je crois en nous, je crois en moi, je te crois, je crois en toi (...) **Amor vincit omnia.**» L'amour triomphe de tout.

Réparés pour l'aventure.

«*I'm taking a ride*

With my best friend

I hope he never lets me down again» (46)

Nous gardons l'ennemi au loin. Dans le dossier d'un disque dur que l'on voudrait externe. Sans cordon.

Sofia me dit parfois ses douleurs. Ce dossier qu'elle sent. Ce ganglion qui s'enflamme. L'ennemi veut nous faire peur. Chasser l'amour.

«*Understand me*» (35)

Lors d'une promenade dans la forêt de la Valmasque, Sofia m'appelle pour me donner les résultats de ses contrôles. Le radiologue est rassurant en nous disant qu'il ne voit rien – mais nous dit aussi qu'il ne peut rien voir…

Sofia ne peut pas vivre dans le flou. Et elle a mal.

«*Oh-ho*

Goddamn right it's a beautiful day» (47)

L’absurde. L’injustice.

Sofia accomplit aussi un rêve en cette rentrée 2013 : elle retrouve un boulot d’assistante administrative dans le collège international d’Emil et Max. Bientôt **20** ans passés ensemble.

Reste un flou à éclaircir.

On croise tout ce que l’on a de doigts – et on respire à fond.

«J’ai connu des moments terribles dans ma vie, dont certains se sont vraiment produits.» Mark Twain.

Je ne me pince plus.

Traitements. Opération.

L’ennemi s’acharne.

Le cancer est de retour.

Les traitements sont illusoires : la radiothérapie n’est plus possible (doses dépassées) et les protocoles de chimiothérapie peu efficaces… Nous nous en remettons aux mains d’or du chirurgien, qui accepte l’opération.

«Il faut allier le pessimisme de la raison à l'optimisme de la volonté», écrivait Antonio Gramsci dans ses carnets de prison.

Je suis là. La famille est là. Nous partons à Fès, au Maroc, avant l'hiver.

Le chirurgien opère à Marseille.

4 heures.

J'attends. La joie du réveil. La déception quand j'apprends que rien n'a été possible – même pas un prélèvement. Même pas un commentaire... Seule la douleur qui se manifeste. Gourde et sournoise.

«*The torture never stops*» (48)

Je survole mes 40 ans.

Anti-douleurs. Anxiolytiques. Morphine. Pas glop.

Je ne sais pas quoi faire, donc je fais ce que je sais faire. Je fais ce que j'aime faire. Je bosse. Je voyage. Yekaterinburg, Saint-Pétersbourg, Moscou... 4 fois par an. Les affaires décollent.

«*Good morning to you I hope you're feeling better baby*

Thinking of me while you are far away

Counting the days until they set you free again

Writing this letter hoping you're okay» (49) The Zombies. Care Of Cell **44**.

Je rêve de Venise et de liberté. (50)

La peur. The Fear.

Envie de s'étourdir. C'est tout dire. Envie de fuir.

«*There goes the fear again, let it go*» (51)

Jusqu'ici tout va bien. Jusqu'ici tout est sous contrôle.

Maintenant, on sait qu'une guérison tiendrait du miracle. L'oncologue me dira que les chimiothérapies n'avaient qu'1% de chance de faire effet. Elles fatiguent et la fatiguent.

La maladie ne peut plus qu'être freinée. Le jeûne ? Les vitamines ?

«*Je voudrais descendre de là*

C'est comment qu'on freine» (52)

Nous partons en Suède une dernière fois. Sofia refait un aller-retour en France pour une séance de chimio qu'elle n'est pas en mesure d'effectuer. Un aller-retour pour rien. Carin, marraine new-yorkaise d'Emil, l'accompagne.

Le taureau fulmine. La maladie ne lâche rien, gagne du terrain.

Sofia se bat. Elle va chez le kiné, pour continuer à marcher à défaut de pouvoir conduire. Obtient une carte d'handicapée.

Elle a le souffle court. Les poumons sont touchés.

Elle s'abrutit de médicaments qui la font planer de plus en plus haut, n'a plus la force de parler ou n'est plus compréhensible. Ses écrits se terminent par un stylo qui tombe. Ses messages par des 'gbthkleev' ou autres charabias qui me font peur. Je cherche la lumière dans son tunnel. J'ai peur qu'elle ne se réveille pas. Qu'elle ne se réveille plus. Qu'elle meure dans mes bras. Chez nous.

Speaking in Tongues. (53)

J'ai mal de lui dire que je ne suis pas infirmier. Je ne suis que son homme. Un homme qui assure et rassure.

J'ai mal de lui dire que j'ai besoin d'air. De fuir. Nous faisons une dernière fois l'amour.

J'ai le sentiment d'être une bouée qui a besoin d'une bouée.

Je pars quelques jours au Kazakhstan. Me confronter aux éléments. Me préserver. Faire comme je le sens. Faire comme je le veux. Je retrouve Kristina.

Courage, fuyons. (54)

Human After All. (55)

«I wouldn't ever try to hurt you, I just needed

Someone to hold me, to fill the void while you were gone.

To fill this space of emptiness.

I'm only human, of flesh and blood I'm made.

Ooh human, born to make mistakes.» (56)

J'ai cette envie de crier aujourd'hui que j'ai soif d'idéal, mais je ne suis pas Superman. Que j'avais besoin d'être soutenu par quelqu'un d'autre. Un réconfort que personne dans mon entourage ne pouvait me donner. Au loin. Au moins. Au moins au loin.

Ma sœur adorée prend le relais, la perche que je lui tends, ma perche, et Sofia entre à l'hôpital dans les jours qui suivent. Je ne la vois pas rentrer. Je ne la verrai pas rentrer.

Kristina me nourrit. Me sauve. Me soutient.

La maladie a gagné. Emportant tout, jalousie et fidélité.

«*But only love can break your heart,*

Try to be sure right from the start,

Yes only love can break your heart,

What if your world should fall apart?» (57)

Je crie depuis le fond de ma steppe. Je crie mon malheur et mon mal-être.

«*J'ai besoin de toi comme d'une infirmière*

Quand je me demande ce que je fous ici

Et que je colle ma tête pendant

Des heures sur l'oreiller

Tétanisé, assommé, incapable de rien

J'en ai marre de faire semblant

J'en ai marre de faire comme si tout me glissait dessus

J'en peux plus d'entendre les sirènes» (58)

La raison est moins raisonnable que notre cœur.

La mort. L'hypnose.

À mon retour, Sofia m'accueille dans sa chambre avec le sourire. Ce sourire que je fixe aujourd'hui. Une bouée de sourire. Un soleil de sourire.

J'entends encore parler de chimiothérapie. «On va vous la retaper» me dira l'oncologue, pendant que la maladie s'attaque au cerveau. L'optimisme de la volonté.

Le ballet des visites achève de m'étourdir.

«Nu får du göra vad du vill»

Maintenant tu peux faire ce que tu veux.

Jusqu'au premier coma.

«*It's really serious*» (59)

Une des infirmières me dit d'être plus présent. Et j'ai envie de crier à nouveau.

Sofia nous respectait trop. Me respectait trop. Notre histoire. Notre amour. Elle ne voulait pas que je voie sa poche d'urine.

«*No, I don't want to see her*» (59)

Je me souviens de sa perfusion qui s'était par 2 fois écoulée 'à côté', lui faisant gonfler un sein. L'esthéticienne de l'hôpital lui avait fait remarquer… Qu'elle avait de beaux seins. Et moi d'appeler le personnel soignant, pour demander si c'était dangereux !

«*Do you really think*

She'll pull through» (59)

Et donc cet appel. Me demandant de venir vite. Qu'elle revient. Pas pour longtemps. Qu'ils la sortent du coma.

«*Let me whisper my last goodbyes*» (59)

Elle est comme paniquée. Vient de revenir d'un endroit où il y avait beaucoup de gens. Beaucoup qu'elle ne voulait pas voir. Des médecins. Elle me demande si ça va aller. Si je vais m'en sortir. Avec les enfants. Me dit qu'elle est fatiguée. Je lui dis qu'elle peut dormir tranquille.

J'aurais pu lui dire que non, que ça ne va pas aller ! Que je l'aime et qu'elle doit rester.

Mais non, c'est parce que je l'aime que je lui dis qu'elle peut dormir tranquille. Et que je ne lui dis que ça.

La ville s'appelait Skövde et le bois de Boulogne. Je l'ai revue cet été de 2017. L'université s'est développée et les personnages ont changé. **Norra Trängallén 9C.**

Elle ne se réveillera pas. Elle ne se réveillera plus.

Et je demanderai à sa mère et son frère d'être à son chevet les presque 2 jours qui suivront, parce que je ne m'en sentais pas capable. Superman peut se rhabiller.

L'oncologue me rappellera aussi ce qu'il m'avait dit :

«La statistique nous dit 10 ans.»

Quel métier formidable. Sans ironie aucune. Quel métier formidable.

Merci. Pour elle et tous les autres. Vous faites, Docteur, un métier formidable. Je sais que vous avez tout fait pour la sauver. Superman peut se rhabiller.

«*Elle avait l'air douce*

Bienveillante et sereine

Comme si elle avait pas renoncé

À rien, comme si elle avait jamais douté de la beauté du monde

Ni de celle des hommes» (58)

L'appel suivant sera celui de l'imminence.

Cette femme médecin qui me prend dans ses bras, qui salue le courage de Sofia.

Les enfants qui courent dans sa chambre. Moi qui suis. Et qui affronte mes peurs. Celle de la voir bouche ouverte, vaincue. De me retrouver seul.

«Papa, sens ses mains, elles sont toutes froides»

Ces dernières embrassades qui me bouleversent. Et ce dernier cheminement que, sous hypnose, je chercherai à apprivoiser. Pas plus tard que cette semaine, à l'approche de ces lignes.

Sofia s’en est allée vers la constellation d’Orion. La constellation d'Orion est une des plus belles constellations du ciel. Dans le ciel, on la reconnaît facilement aux trois étoiles alignées qui représentent sa ceinture. Il s'agit d'Alnitak, Alnilam et Mintaka.

Elle les a rejointes telle Superman, la statue de la Liberté ou Marilyn, en me montrant ses fesses.

L'énergie.

...et puis voilà. Pour le meilleur et pour le pire. Voilà qu'on se retrouve le jour d'après. Etonnamment frais. Etonnamment léger. On se retrouve pour un verre, comme elle l'avait souhaité, sur cette photo que mon père retouchera. Nous sommes sur le balcon de notre appartement. Je vois le visage d'Andreas, son frère, alors qu'un yacht quitte le port, laissant retentir sa sirène presque 1 minute. C'est long 1 minute. Ça nous semble long. Et puis plus rien. Un verre. **Skål!**

«La gaieté est la forme la plus aimable du courage.» Anatole France... La mort est nécessaire à la beauté de l'agenda.

Toutes ces petites idées consolatoires que je retrouverai dans le livre d'Eva Bester. (60)

Je suis pris par une énergie salvatrice. Une énergie du désespoir. Une énergie nécessaire pour affronter des passages plus sombres.

Les pompes funèbres. La préparation du corps. La scellée du cercueil. À la cire rouge-sang. Un passage glaçant.

Je me suis souvent demandé pourquoi on n'immortalise pas ces moments-là par une photo. Parce qu'on n'immortalise pas la mort. Évidemment. Parce qu'on n'oublie pas ces moments-là.

Je plante la tête bien profond dans le sable. Entre les papiers et les cérémonies. La crémation. Et les enfants qui veulent voir, jusqu'au bout. C'est sain. C'est pur. C'est mûr. C'est trop adulte.

J'aurais voulu les préserver un peu, mais c'est eux qui me préservent. Mes piliers.

«*You are a man, you understand.*

You can't conceive of the pleasure in my smile» (30)

On lui plantera un mimosa en bas de chez nous, pour qu'elle nous sourie de temps en temps. Même quand il pleut. Surtout quand il pleut.

«*You know I'd like to keep my cheeks dry today*

So stay with me and I'll have it made» (23)

Une cérémonie pour les amis d'ici – et de là-bas. Après la crémation, les enfants et moi avons rapporté l'urne, les cendres de Sofia, à Falkenberg.

Symboliquement, c'est un des moments les plus forts de ma vie.

Je me souviens de l'agent des pompes funèbres qui m'avait dit : «Vous savez, vous pouvez garder un peu de cendres, ou en mettre au pied de son arbre...» Ou prendre des photos de la dépouille.

Le tact, qui sert à savoir se taire.

Ramener Sofia chez elle. Sentir. Comment elle aurait voulu que ça se passe. Comment elle aurait voulu que ça soit.

J'ai rassemblé ses amis de là-bas. Certains que je ne connaissais pas. Certains dont je suis aujourd'hui encore plus proche qu'avant. Cette épreuve, mon épreuve, est de celles qui ouvrent le cœur.

«*Take comfort in your friends.*

Everybody hurts.

Don't throw your hand.

Oh, no.

Don't throw your hand.» (61)

Les frères de Sofia, Andreas et Christian, joueront pour elle du Paul Simon «Have a good time», ponctué des notes d'intro du «Just Can't Get Enough», de Depeche Mode.

Je ne sais si le poids d'une personne se mesure à la quantité de larmes versées, mais même le ciel a pleuré ce jour-là.

Aucun sein ne sera montré à la police cette fois, par aucune marraine. Aucune coupable pensée.

Le tact. Certainement.

«*No one's gonna love you more than I do*» (62)

Le deuil. Les accidents.

«There's so many fish in the sea

(...) they keep you hanging on

They say you're so young» (31)

Je suis retourné au Kazakhstan, sans le dire. Je retrouve Kristina. Une fois. Deux fois. Je la fais rire, mais je fatigue. Je m'en vais retrouver les enfants pour Noël et frôle la catastrophe : je m'endors au volant à 130 km/h. Et je rencontre mon ange gardien. Qui me remet dans le droit chemin.

Avertissement.

Je l'écoute. Je n'y retournerai pas.

«Mon cœur est confortable, bien au chaud

Et je laisse passer le vent

Mes envies s'éteignent, je leur tourne le dos

Et je m'endors doucement

Sans chaos ni sentiment» (63)

Je bosse et papillonne.

Ma vie devient poussive.

Le prix à payer.

Je m'accroche aux branches. Aux vieux rêves. Je cherche à faire du neuf avec du vieux. Je cherche sans trouver.

«There's so many people to see

So many people you can check up on» (64)

J'apprends. J'apprends ce qu'est le deuil.

Lors d'un festival Primavera, à Barcelone, l'année d'après, en 2015, je fais une nouvelle rencontre. Une nouvelle rencontre sur un cœur brisé. Une rencontre un peu provoquée. À la caisse d'une baraque à frites.

Je dirai une brindille. Je l'écrirai brindille.

À qui j'allais raconter ce qui m'était arrivé. Qui allait me raconter ce qui lui était arrivé.

«You can't help nobody until you help yourself.» Neil Young, Soul of a Woman.

Sur la pente descendante.

Le 14/07, sur une date anniversaire, allongé seul à Falkenberg, je sens qu'au moment où je décide d'y aller, mon corps m'enjoint de m'arrêter. Le moteur capote. J'avais bien déjà fait un malaise vagal inquiétant - et une belle crise d'angoisse nocturne - mais encore rien qui ne m'avait fait perdre tout mon jus, mon énergie.

Et je perds **10** kilos en **1** mois.

Comme un effet retard. Le prélèvement de mon crédit. J'avais tant donné. Je touchais le fond. Je touchais enfin le fond.

Je m'accroche à ma brindille...

...et je me fais violemment rentrer dedans un dimanche soir à l'entrée de Nice. 7 voitures amochées. Et un rail.

«Stranded.» (10) Pas loin de chez moi.

Avertissement.

J'avais décidé trop tôt. Je n'en avais fait qu'à ma tête. Alors qu'on ne décide de rien. Les nombres non plus.

Le 18/09/2015, 1 an après.

Le temps.

On n'attire pas le futur les batteries à plat.

«OH!

THE PLACES YOU'LL GO!

Except when you don't.

Because, sometimes, you won't» (64)

Ce que l'on attend n'arrive que quand on a fini de l'attendre.

Il faut d'abord faire la place avant de décider d'y aller.

Si on veut y arriver.

Faire le vide et faire le tri. Je vais voir un psy.

Prendre soin de soi. Je commence l'acupuncture.

La musique. La mélancolie.

«La mélancolie est une maladie qui consiste à voir les choses comme elles sont.» Gérard de Nerval.

La mélancolie parce que mes envies s'éteignent. Et je sens que moi aussi, j'ai plus besoin qu'envie.

La musique comme une bouée. Je m'y raccroche. Je prends le temps d'écouter les paroles...

«*And so begins the task*

I have dreaded the coming of

For so long

I wait for the sun

To remind my body

It needs restin'» (65)

Je lis qu'après l'énergie du désespoir, je suis entré dans la phase du vécu dépressif. Mon deuil. Mon épreuve. Mon calvaire. Mon chemin de croix. De xxx. De toutes petites croix.

Connecting the dots.

Relier les points.

Au Bistrot **44**, un restaurant du bas du boulevard Albert 1er, à Antibes, au 44 du boulevard, je fais une expérience hors du temps : j'aperçois, seule au fond de la salle, la sage-femme et gynécologue de Sofia, qui l'a accompagnée à l'hôpital de la Fontonne pour les naissances d'Emil et Max. Mes yeux, qui sont déjà rouges, la fixent, la scrutent, n'y croient pas. Je vais la voir, me rappelle à son souvenir, lui raconte l'histoire, la belle histoire, je me dis qu'elle a la réponse… Elle ne se souvient pas. Peut-être. Elle est désolée. Elle ne travaille plus à l'hôpital.

«*And I must learn to live without you now*» (65)

Bistro 44. Vite 44.

Une étymologie populaire fait dériver le mot bistrot du russe bistro (en cyrillique : быстро) signifiant «vite» et datant de l'occupation russe qui a suivi la bataille de Paris de 1814. Les soldats russes n'ayant pas le droit de boire en service et craignant de se faire surprendre par l'arrivée d'un gradé, imploraient les cafetiers qu'ils les servent en leur criant en russe : «быстро, быстро», «vite, vite» (source Wikipedia).

J'avance. Je me dis que j'avance. J'essaie d'alléger mon cœur brisé.

Une **dystopie** est un récit de fiction dépeignant une société imaginaire organisée de telle façon qu'elle empêche ses membres d'atteindre le bonheur. Une dystopie peut également être considérée, entre autres, comme une utopie qui vire au cauchemar et conduit donc à une contre-utopie.

Non, mon histoire - notre histoire - est belle. Elle fait ma richesse.

J'apprends que le traiteur Gilles, l'artisan de notre repas de noces, lutte contre un cancer. Lui qui avait su faire tenir une pièce montée faite de boules de sorbets colorés par 40 degrés !

«*Love lost, such a cost,*

Give me things

that don't get lost.

Like a coin that won't get tossed

Rolling home to you.» (66)

L'acupuncture m'aide à visualiser l'ampleur de ma perte, la grosseur de ma peine, et à crever le sac. Je pleure comme jamais j'ai pleuré. En me levant. Pendant de longues minutes.

Les soins traitent aussi le vide, cette évidence. L'évidence d'un sac vide. Je suis fatigué.

...et que faire de ce sac vide...sans trop y penser ? Y penser trop. Overthinking, comme on dit en anglais...

Overthinking, c'est quand on est 3 dans la même pièce : le corps, la tête et le mental. C'est beaucoup trop de monde. Et le corps n'a pas l'attention qu'il mérite.

L'acupuncture m'aide à faire passer le manque. À ne pas y penser.

Je prends soin de moi. Pour être en forme. J'ai 2 enfants. Emil et Max.

«Long may you run.

Although these changes have come

With your chrome heart shining in the sun

***Long may you run.*»** (67)

Je fais de longs rêves musicaux. La richesse ressort. Je m'empresse de prendre des notes.

Une chanson ? Ma chanson. Cette nuit-là, ça donnera ça :

«This love story could be a love song, if I was a singer.

If I only knew how to play the guitar or the harmonica,

The chords would inspire joy. And harmony.

I met my lover by chance, in a stroke of luck.

The questions were never raised, the answers came by themselves.

I was her left and she was my right.

We grew happy together. We loved each other.

We explored our richness. We expanded our countries.

We built a life project. And love created life.» (68)

Un bon début. Et je me sens aller mieux.

«I count the hours since you slipped away» (69)

Je vais mieux.

«I'm going through changes» (70)

Tous les jours un peu mieux.

Le plaisir. Le sexe.

«C'est bien mourir que de mourir sans regrets.» Sénèque

J'ajouterai que l'on regrette plus souvent ce que l'on n'a pas fait.

Et que si l'on écoute son cœur, on ne regrette pas ce que l'on a fait.

À l'heure de faire le vide, on se retrouve avec des évidences.

J'ai beaucoup couru après mes souvenirs durant cette période. Pour y trouver de la chaleur.

Le baiser, ce tableau du peintre autrichien Gustav Klimt, m'a beaucoup réconforté.

S'embrasser. Baiser. L'appel du brasier.

«*I was a king under your control*

I wanna feel like you've let me go

So let me go» (71)

Il faut beaucoup de temps pour retrouver le désir, le plaisir. Les lieux communs, les lieux connus, peuvent vite devenir des purgatoires.

L'évasion. L'évasion dans le travail.

Je découvre de nouveaux territoires. Je retourne en Allemagne. Où je me régale dans la Ruhr, à faire le tour des centrales de magasins de bricolage pour mon employeur. Cologne, Düsseldorf, Francfort.

Et si.

Tant est si bien que je fais... Une rencontre. À Darmstadt. La ville du boyau. Une rencontre prête à tout. Il en faut des tripes !

Je me laisse aller. Je pense au titre de ce livre de Christophe André «Imparfaits, libres et heureux».

On voyage sans lendemain. On va jusqu'au bout de projets sans suites.

Jusqu'à ce jour de janvier, où je me fais voler tous mes documents à la réception d'un hôtel de Neu-Isenburg, près de Francfort, juste après le buffet. Ordinateur. Téléphone. Cartes. Papiers...

Avertissement.

La symphonie du hasard.

Je me raccroche à ce que je n'ai...pas. Ce que je n'ai déjà plus. Sauf la musique :

«*Sur la musique, on va on vient,*

On s'éloigne et on revient

Puis tu t'élances et je te tiens

Je te retiens du bout des doigts

Pour te ramener contre moi» (58)

Je mettrai du temps à trouver mon équilibre. Comme si je marchais sur un fil, avec une perche trop grande pour moi. Le chercheur est fatigué. Le chercheur doit chercher plus près. Se laisser trouver.

J'arrête ce boulot de responsable de zone export. Rêve accompli. Le temps est au renouveau.

«*(...) quand l'aigle est blessé*

Il revient vers les siens» (72)

Mes piliers.

«Il y a 2 façons de se tromper : l'une est de croire ce qui n'est pas, l'autre de refuser de croire ce qui est.» Merci Søren Kierkegaard. Mes enfants ont plus besoin de moi.

Je repense à «La Mouette», cette pièce de Tchekhov. À toutes ces histoires d'amours impossibles, ces âmes tourmentées... J'ai beaucoup de chance.

«*On est loin des amours de loin*

On est loin

Madame rêve

Au ciel» (73)

L'amitié. La famille.

La famille… La dernière promenade des enfants avec Sofia dans un fauteuil roulant. Qu'est-ce qu'on a profité de ce moment-là ! Il nous a fallu l'harnacher comme un cheval, avec bouteille et tuyaux. Qu'est-ce qu'on a ri ! Max la poussait ; elle faisait le pilote de course. Qu'est-ce qu'on était là ! Tellement là que je me souviens de l'avoir partagé en photo, ce moment – mais je n'ai retrouvé aucune trace. Il est des moments qu'on n'oublie pas.

«Not everything that counts can be counted, and not everything that can be counted counts.» Albert Einstein

Tout ce qui compte ne peut pas être compté, et tout ce qui peut être compté ne compte pas forcément. Les chiffres.

Tout ce qui compte ne peut pas être conté…

L'amitié… Mes amis. Mes amies. Qui sont là. Qui ont écouté ma joie et ma détresse.

«On ne pourra pas répondre à tes questions. On pourra juste être là»

Merci.

«*It's only right that you should*

Play the way you feel it

But listen carefully to the sound

Of your loneliness» (74)

La famille… Mes piliers. Cette maison qu'il faut reconstruire. Reprendre les plans. Ne pas reproduire les mauvais schémas ; s'inspirer des bons. Trier. À 3.

L'amitié… Ecouter son cœur.

Éviter la jalousie. Fuir la toxicité.

«*In the stillness of remembering what you had*

And what you lost, and what you had, and what you lost» (74)

La famille et les amis comme un bouclier.

«Schild en vriend», ce qui signifie en français «bouclier et ami», comme dans les matines de Bruges.

Un bouclier et une lance, qui vous relance.

Le Petit Prince.

Un jour au bureau, à Fressenneville, un collègue est venu vers moi. Nous connaissions nos histoires. Lui m'a dit qu'il relisait souvent le Petit Prince. De manière assez mystérieuse, énigmatique.

Je connaissais le livre et ses images. La première édition que j'avais lue. Un livre pour enfants. Me revenaient des bribes, des passages... Et puis cette impression tenace que le livre tout entier revenait vers moi. Comme un livre pour adultes. Le renard semblable à cent mille renards et la rose si importante.

Dans la foulée de cette évocation, j'arrive chez mon ami Vlad, à Paris, chez qui le livre s'offre à moi, bien en évidence, sur sa bibliothèque. Je le relis.

Un homme face à son destin. Un homme conscient de sa condition et qui la dépasse. Je ressens alors ce même élan. Cette envie de me réinvestir. À l'écoute de ce qui va m'arriver. Je fais la place.

«*There is a crack in everything*

That's how the light gets in.

We asked for signs

The signs were sent» (75)

Des cartes postales de Darmstadt à cette fresque de Saint-Exupéry à Toulouse, jusqu'à mon garage, où j'apercevrais une version suédoise datée de 2007 – Lille Prinsen – que Sofia avait offerte aux enfants.

Jean Genet écrit dans 'Le Funambule' :

«On n'est pas artiste sans qu'un grand malheur s'en soit mêlé.»

Je ressens ce besoin d'exprimer ma quête. De partager ma richesse. De témoigner des souffrances et surtout… De célébrer mon histoire et mon amour. De rendre hommage à Sofia. Avec le sourire d'une fleur, d'un tournesol. Ou d'une étoile qui brille. Cet amour qui transforme le jaune en or.

«*Life is a flower*

So precious in your hand

Carry on smiling

And the world will smile with you» (76)

Ces références qui ne cessent de surprendre.

Je me suis imaginé dessiner ou peindre : la toile est restée blanche, au milieu de mon séjour.

Ecrire une chanson sans la chanter. Ecrire une chanson sans mélodie autre que la mélodie des mots… Ecrire un livre. Un projet.

Le livre. Mon projet de tri.

Ainsi mon projet de tri, pour raconter ma vie. L'histoire de ma vie, l'histoire de la vie.

Comme cette réflexion entendue sur «La Nuit américaine», de Truffaut, que j'ai notée, et qui dit : «Un film, ça ressemble à un beau voyage, et puis très vite, on se demande si on arrivera à destination.»

Il est venu à moi, ce livre. Et je m'étais dit que je le terminerais pour mes… **44** ans, le 27/11/2017. Que pour marquer le coup - la date - je le découperais en 27 chapitres. Et ma mère de me faire remarquer… «Comme dans le Petit Prince.»

Au mitan de ma vie.

«J'aurais pu travailler mieux, j'aurais pu travailler davantage… À présent il te reste la seconde moitié pour te rattraper.» Toujours dans «La Nuit américaine».

Pour me rattraper et lire un livre de Scott Fitzgerald, habitué de la Côte d'Azur, où il fréquente l'hôtel du Cap et l'Eden Roc à l'été 1922, puis la villa Eilenroc. Où il écrit «Gatsby le Magnifique». Lui qui mourra à 44 ans.

Connecting the dots.

Relier les points.

Tous ces rêves. Ces écrits. Ces rêves que j'essaierais d'écrire... Sofia en robe colorée, mais plus petite, qui me demande : «Ai-je fait le nécessaire ?»

Sofia qui m'appelle la voix enfumée pour me dire qu'on n'a plus de riz. Et moi qui pars m'effondrer et pleurer de manière exagérée sur le balcon – mais seulement dans le rêve. Je me vois pleurer.

Toujours cette impression que Sofia me voit. Qu'elle est là.

Et que je mets aujourd'hui dans un livre, un carton, une boîte. Mon livre.

«The most beautiful thing we can experience is the mysterious. It is the source of all true art and all science. He to whom this emotion is a stranger, who can no longer pause to wonder and stand rapt in awe, is as good as dead: his eyes are closed.»

Encore Einstein. Une pierre, en allemand. Deux coups.

La plus belle chose que l'on puisse éprouver, c'est le mystérieux. C'est la source de tout art véritable, de toute vraie science. Celui qui est étranger à cette émotion, qui ne peut plus s'arrêter pour s'interroger et rester captivé d'admiration, est à peu de chose près mort, puisque ses yeux sont fermés.

Épilogue.

Et l'explication de ce titre, du titre. Ma perche.

Noyer le poisson.

Ma perche, mon projet de tri - et c'est ma perche que je vous tends.

'Min pärs' en suédois, prononcé 'perche', veut dire 'épreuve, calvaire'. Comme me le répètera Carin. 'The stalker', comme l'appelait Sofia sur la fin - avec tendresse. Carin qui la traquait, qui sentait bien que quelque chose se tramait.

Un passage de relais.

Un poisson d'eau douce, difficile à attraper. Appelé bar quand il est de mer.

Un poisson qui saute. Un saut à la perche.

Une perche, cette longue tige, cette grande perche, nécessaire au bon équilibre.

«*Anything you wish can be true*

You can watch the world as it passes by

Or you can make it stop for you

You can stay at home or brave a storm

When the blizzard blows» (77)

...

«Tu nous entends le blizzard ? Tu nous entends ?» (78)

Références et traductions

(1) Johnny Hallyday. Le chanteur abandonné. Written by Michel Berger • Copyright © Universal Music Publishing Group.

(2) Jeanne Moreau. Le tourbillon (From "Jules et Jim") [feat. Bassiak]. Written by Cyrus Serge Rezvani • Copyright © Warner/Chappell Music, Inc, Warner Chappell Music France.

(3) Morrissey. Sing Your Life. Written by Steven Morrissey, Mark Edward Cascian Nevin • Copyright © Warner/Chappell Music, Inc, Universal Music Publishing Group, BMG Rights Management US, LLC.

«Fais de ta vie une chanson

N'importe quel idiot peut faire des rimes

Tant d'autres le font

Pourquoi pas toi ?»

(4) Daniel Balavoine. Sauver l'Amour. Written by Daniel Balavoine • Copyright © Warner/Chappell Music, Inc.

(5) John Lennon. Oh My Love. Sur Imagine (1971). Apple/EMI.

«Oh mon amour pour la première fois de ma vie

Mes yeux sont grands ouverts

Mes yeux peuvent voir

Je vois le vent, oh je vois les arbres

Tout est clair dans mon cœur

Je vois les nuages, oh je vois le ciel

Mon esprit est grand ouvert»

(6) Björk. Violently Happy. Sur Debut (1993). One Little Indian.

«Depuis que je t'ai rencontré

Cette petite ville n'a pas de place

Pour mes grands sentiments

Violemment heureuse

Parce que je t'aime

Violemment heureuse

Mais tu n'es pas là»

(7) The Letter est une chanson écrite et composée par Wayne Carson et interprétée par le groupe américain The Box Tops (1967).

«Je me fous de combien d'argent je vais dépenser

Je dois retourner voir ma chérie à nouveau

Oui, elle m'a écrit une lettre

Disant qu'elle ne pouvait plus vivre sans moi»

(8) Ride. Crown of Creation. Writer(s): Stephen Paul Queralt, Laurence John Colbert, Mark Stephen Gardener, Andrew Bell.

«Je veux être ta relation

Je descends à ta station»

(9) Brand New Heavies. Dream On Dreamer. Paroliers : Dallas Austin / Dallas L Austin / N'dea R Davenport © Sony/ATV Music Publishing LLC.

«*Continue de rêver, rêveur. La vie va t'arriver*»

(10) «*Lâché tout seul en rase campagne, loin de chez moi*»

(11) Saint Etienne. Nothing Can Stop Us. Paroliers : Bob Stanley / Peter Stewart Wiggs © Warner/Chappell Music, Inc.

«Je ne me suis jamais senti si bien

Je ne me suis jamais senti si fort

Rien ne peut nous arrêter maintenant»

(12) Depeche Mode. A Question of Lust. Paroliers : Martin Gore © Sony/ATV Music Publishing LLC.

«C'est une question d'envie/de désir

C'est une question de confiance

C'est une question de ne pas laisser ce que nous avons construit

Être réduit en poussière

C'est toutes ces choses et bien plus

Qui nous maintiennent ensemble»

(13) Supertramp. Dreamer. Paroliers : Richard Davies / Roger Hodgson © Kobalt Music Publishing Ltd.

«J'ai dit "wow, quelle journée, quelle année, quelle vie !"

Tu sais, mais oui tu sais, ça allait t'arriver

Ça va marcher un jour

Tu peux voir tout ce que tu veux, garçon»

(14) Gene. Haunted By You. Written by Kevin Miles, Martin Rossiter, Matt James, Steve Mason • Copyright © BMG Rights Management US, LLC.

«Je traverse la route. Pour me cacher. Et pour éviter le temps. Où tu étais. À mes côtés. Toujours battu par la marée. Une épave exposée. À ma porte. Mes yeux ne peuvent pas mentir. Donc lève-toi de mon sol. Parce que

toi, tu as eu ton temps. Ta chance est passée. Tu n'es pas si forte. Tes mots ne me font plus de mal maintenant.

Mais malgré toutes les choses que j'ai dites. Je suis toujours hanté par toi. Dans chaque ville, dans chaque lieu. Tu m'attends... Oui, toi, tu es sur mon chemin»

(15) Neil Young. Tell Me Why.

«L'explorateur/le chercheur doit toujours monter le cheval noir, chevauchant seul dans sa peur. Dis-moi pourquoi, dis-moi pourquoi»

(16) Tom Petty And The Heartbreakers. Learning To Fly.

«Je suis parti pour Dieu-sait-où

Mais je suppose que je le saurai quand j'y arriverai»

(17) The Verve. Lucky Man.

«Le bonheur

Qui va et vient

Je te vois me regarder

Je vois ma fièvre monter

Je sais exactement qui je suis»

(18) The Cardigans. Paralyzed, Erase/Rewind et My Favourite Game, extraits de l'album 'Gran Turismo' (1998).

«La façon la plus douce de mourir»

«Je suis en train de perdre mon jeu favori»

(19) ABBA. I Have A Dream. Written by Benny Goran Bror Andersson, Bjoern K. Ulvaeus • Copyright © Universal Music Publishing Group.

«Quand je saurai que le temps est venu pour moi

Je traverserai le courant/la rivière, j'en ai rêvé»

(20) The Strokes. Trying Your Luck.

«Je tenterai ma chance avec toi

Cette vie est avec moi»

(21) Coldplay. High Speed. Written by Christopher Anthony John Martin, Guy Rupert Berryman, Jonathan Mark Buckland, William Champion • Copyright © Universal Music Publishing Group.

«Nous passons notre vie dans une bulle»

«Avoir confiance en toi c'est avoir confiance en moi

C'est faire confiance à grande vitesse»

«Tu es à grande vitesse»

(22) Kajagoogoo. Too Shy. Paroliers : Christopher Hamill / Jeremy Strode / Nick Beggs / Stephen Askew / Stuart John Neale © Sony/ATV Music Publishing LLC.

«Eh fille, approche-toi un peu. Parce que t'es trop timide timide»

(23) Blind Melon. No Rain. Paroliers : Shannon Hoon / Christopher Thorn / Thomas Stevens / Brad Smith / Glen Graham © Sony/ATV Music Publishing LLC.

«Je veux juste quelqu'un qui me dise

"Je serai toujours là à ton réveil"

Tu sais, j'aimerais garder mes joues sèches aujourd'hui,

Alors reste avec moi et j'y arriverai.»

(24) Lenny Kravitz. Always On The Run. Written by Lenny Albert Kravitz, Saul Hudson • Copyright © Warner/Chappell Music, Inc, BMG Rights Management US, LLC.

«Ma Maman m'a dit

Que ma vie est un cadeau»

«Et ma Maman m'a dit

Que je devrais soulever de lourdes charges»

«Mais je suis toujours en train de courir»

(25) ABBA. Dancing Queen. Writer(s): Michael Kunze, Benny Goran Bror Andersson, Bjoern K. Ulvaeus, Stig Anderson.

«*Tu peux danser*

Tu peux te trémousser

Passer le meilleur moment de ta vie

Oh, vois cette fille

Regarde cette scène

Admire la Reine de la Danse»

(26) The Strokes. New York City Cops. Writer(s): Julian Casablancas.

«*Les flics de New York, ils ne sont pas très futés*»

«*Nina est dans la chambre à coucher*

Elle dit "Il est temps d'y aller"

Mais partir n'est pas chose facile»

(27) http://www.liberation.fr/cahier-special/2001/09/21/temoin-hugues-et-sofia-beaurain-new-york_378091

(28) Les Ailes du désir (1987).

(29) Julien Baer. Le Monde s'écroule.

(30) "I Am a Child" as written by Neil Young. Lyrics © Warner/Chappell Music, Inc.

«Je suis un enfant. Je vais le rester un moment»

«Ça fait plaisir de t'avoir là»

«Tu as reçu de Dieu, à présent je reçois de toi,

J'aimerais savoir ce que tu as appris»

«Le ciel est bleu et la mer aussi

C'est de quelle couleur, quand le noir est brûlé ?

C'est de quelle couleur ?»

«Tu es un homme, tu comprends

Tu me soulèves et tu me reposes à nouveau

Tu fais les règles, tu dis ce qui est juste,

Ça fait plaisir de t'avoir là»

«Tu es un homme, tu comprends

Tu ne peux pas imaginer le plaisir dans mon sourire.»

(31) Elvis Costello. Accidents Will Happen. Written by Elvis Costello • Copyright © Universal Music Publishing Group.

«Des accidents se produiront

Nous ne faisons que frapper et courir»

«Il y a tant de poissons dans la mer

(...) ils te font tenir bon

Ils disent que tu es si jeune»

«Il y a tellement de gens à voir

Il y a tellement de gens à qui rendre visite»

(32) France Gall - Musique (1977).

(33) Tracy L Chapman. Fast Car. © Sony/ATV Music Publishing LLC.

«Je me souviens qu'on roulait, qu'on roulait dans ta voiture

À une telle vitesse que j'avais l'impression d'être saoul/saoule»

«Tu as une voiture rapide

Mais est-elle assez rapide pour que tu puisses t'envoler ?»

(34) The Smiths. Accept Yourself. Written by Steven Morrissey, Johnny Marr • Copyright © Warner/Chappell Music, Inc, Universal Music Publishing Group.

«Oh, mais les rêves ont cette fâcheuse tendance à ne jamais se réaliser»

«Et le temps est contre moi maintenant...oh»

«Oh, à qui et à quoi s'en prendre ?»

«Assis dans ma chambre, j'ai dressé un plan

Oh, mais les plans peuvent échouer (comme ils le font si souvent)

Et le temps est contre moi maintenant...»

(35) Depeche Mode. Shake The Disease. Paroliers : Martin Gore © Sony/ATV Music Publishing LLC.

«Voici un appel

De mon coeur vers toi»

«Personne ne me connaît

Aussi bien que toi»

«Tu sais combien c'est dur pour moi

De combattre la maladie

Qui me noue la langue

Dans des situations comme celles-ci»

«Comprends-moi»

«Certaines personnes doivent être

Ensemble en permanence»

«Des amoureux dévoués

L'un à l'autre pour toujours»

«Maintenant j'ai des choses à faire

Et j'ai déjà dit que je sais que tu en as aussi

Quand je ne suis pas là

Par l'esprit je serai là»

(36) Tobias Jesso Jr.. The Wait. Written by Tobias Macdonald Jesso • Copyright © Universal Music Publishing Group.

«*Mais chérie je suis fatigué*

Fatigué d'attendre»

(37) Peter Gabriel. In Your Eyes. Paroliers : Peter Gabriel © Sony/ATV Music Publishing LLC.

«*Mon amour, je n'aime pas voir autant de souffrance*

Tant de gâchis et ce moment qui continue de m'échapper

Je suis si fatigué de travailler si dur pour que nous puissions survivre»

(38) Etienne Daho. La Peau dure. Paroliers : Etienne Daho / Jean Louis Pierot © Songs Music Publishing.

(39) The Verve. Bitter Sweet Symphony. Paroliers : Keith Richards / Mick Jagger / Richard Ashcroft © Abkco Music, Inc.

«*Parce que cette vie est une symphonie aigre-douce*»

(40) ABBA. Eagle. Written by Iain Anderson • Copyright © Universal Music Publishing Group, Domino Publishing Company.

«*Volant haut, haut, je suis un oiseau dans le ciel*

Je suis un aigle qui glisse dans le vent

Haut, haut, quelle sensation de voler

Au-dessus des montagnes des forêts et des mers

Et d'aller où je veux»

(41) Kraftwerk. Radioactivity. Paroliers : Emil Schult / Florian Schneider-Esleben / Ralf Huetter © Sony/ATV Music Publishing LLC.

«*Radioactivité*

Règle-toi sur la mélodie

Radioactivité

Est dans l'air pour toi et moi»

(42) Modern Talking. Brother Louie. Paroliers : Dieter Bohlen / Eric Singleton © Warner/Chappell Music, Inc.

«*Fille, ce petit jeu ne peut durer toujours*

Pourquoi ne pouvons-nous pas vivre ensemble»

(43) Talking Heads. Road To Nowhere. Paroliers : Chris Frantz / David Byrne / Jerry Harrison / Tina Weymouth © Warner/Chappell Music, Inc.

«*Bien nous savons où nous allons. Mais nous ne savons pas où nous sommes allés*

Et nous savons ce que nous savons. Mais nous ne pouvons pas dire ce que nous avons vu

Et nous ne sommes pas des petits enfants. Et nous savons ce que nous voulons

Et le futur est certain. Donne-nous le temps d'y arriver»

«J'ai une ville à l'esprit

Rejoins-nous y et en avant

Et elle est très bien, bébé, elle est très bien

Et c'est très loin»

«Nous sommes sur une route vers nulle part»

(44) Mireille Mathieu. Une femme amoureuse. Written by Barry Alan Gibb, Robin Hugh Gibb • Copyright © Warner/Chappell Music, Inc, Universal Music Publishing Group.

(45) Suprême NTM. Back dans les bacs. Paroliers : Bruno Lopes / Didier Morville © Sony/ATV Music Publishing LLC, Songs Music Publishing.

(46) Depeche Mode. Never Let Me Down Again. Paroliers : Martin Gore © EMI Music Publishing.

«Je pars en promenade

Avec mon meilleur ami

J'espère qu'il ne me laissera plus jamais tomber»

(47) Eels. Mr. E's Beautiful Blues. Written by Mark O. Everett, Michael S. Simpson • Copyright © Universal Music Publishing Group.

«Oh-ho

Bon sang de bon dieu c'est un jour magnifique»

(48) Frank Zappa. The Torture Never Stops. Album : Zoot Allures (1976).

«La torture ne s'arrête jamais»

(49) The Zombies. Care Of Cell 44. Sur Odessey and Oracle (1968).

«Bonjour à toi j'espère que tu te sens mieux bébé

Qui pense à moi alors que tu es loin d'ici

Comptant les jours qui restent jusqu'à ce qu'ils te libèrent à nouveau

Je t'écris cette lettre espérant que tu vas bien»

(50) Francis Cabrel. L'Encre de tes Yeux. Paroliers : Francis Cabrel © Warner/Chappell Music, Inc, Warner Chappell Music France.

(51) Doves. There Goes The Fear. Paroliers : Andy Williams / Jez Williams / Jimi Goodwin © Sony/ATV Music Publishing LLC.

«Et revoici la peur, laisse-la partir»

(52) Alain Bashung. C'est comment qu'on freine ? Paroliers : Alain Bashung / Serge Gainsbourg © SM Publishing France.

(53) Speaking in Tongues est le cinquième album studio des Talking Heads, sorti le 31 mai 1983.

(54) Courage fuyons est un film français écrit et réalisé par Yves Robert sorti en 1979.

(55) Human After All est le troisième album studio de Daft Punk paru le 14 mars 2005.

(56) The Human League. Human. Album : Crash (1986).

«Je n'aurais jamais essayé de te faire du mal, j'avais juste besoin

De quelqu'un à qui me raccrocher, pour combler ton absence.

Pour remplir cet espace vide.

Je ne suis qu'humain, fait de chair et de sang.

Ooh humain, né pour faire des erreurs.»

(57) Neil Young. Only Love Can Break Your Heart. Album : After The Goldrush (1970).

«Mais seulement l'amour peut nous briser le coeur,

Essaie d'être sûr dès le début,

Oui seulement l'amour peut nous briser le coeur,

Qu'adviendrait-il si ton monde devait s'effondrer ?»

(58) Fauve ≠. Infirmière. Paroliers : Nicolas Dardillac / Pierre Cabanettes / Quentin Postel / Simon Martellozo / Stephane Muraire © Sony/ATV Music Publishing LLC.

(59) The Smiths. Girlfriend in a Coma. Written by Steven Morrissey, Johnny Marr • Copyright © Warner/Chappell Music, Inc, Universal Music Publishing Group.

«C'est vraiment sérieux»

«Non, je ne veux pas la voir»

«Tu penses vraiment

Qu'elle va s'en tirer»

«Laisse-moi murmurer mes derniers adieux»

(60) Remèdes à la mélancolie. Films, chansons, livres... La consolation par les arts. Par Eva Bester.

(61) R.E.M. Everybody Hurts. Written by Bill Berry, Michael Stipe, Peter Buck, Michael Mills • Copyright © Warner/Chappell Music, Inc, Universal Music Publishing Group.

«*Trouve du réconfort auprès de tes amis*

Tout le monde souffre.

Ne lâche rien.

Oh, non.

Ne lâche rien.»

(62) Band of Horses. No One's Gonna Love You. Paroliers : Benjamin Bridwell / Creighton Barrett / James Hampton © Kobalt Music Publishing Ltd.

«*Personne ne t'aimera plus que moi*»

(63) France Gall. Si Maman si. Album : Dancing Disco (1977). Auteur-compositeur : Michel Berger.

(64) Oh, the Places You'll Go! By Dr. Seuss.

«*OH!*

LES ENDROITS OÙ TU IRAS !

Sauf quand tu n'iras pas.

Parce que, quelques fois, tu n'iras pas.»

(65) Stephen Stills. So Begins The Task. Album : Manassas (1972).

«*Et c'est ainsi que commence la tâche*

Dont j'ai redouté la venue

Depuis si longtemps

J'attends le soleil

Pour rappeler à mon corps

Qu'il doit se reposer»

«*Et je dois apprendre à vivre sans toi maintenant*»

(66) Neil Young. Old Man. Album : Harvest (1972).

«*Amour perdu, à un tel prix,*

Donne-moi des choses

Qui ne peuvent se perdre.

Comme une pièce de monnaie qu'on ne lancera pas

Qui roule jusqu'à chez toi.»

(67) The Stills-Young Band. Long May You Run. Song by Stephen Stills and Neil Young. Album : Long May You Run (1976).

«*Bonne route à toi.*

Malgré tous ces changements

Avec ton cœur de chrome brillant sous le soleil

Bonne route à toi.»

(68) Ma chanson :

«Cette histoire d'amour pourrait être une chanson d'amour, si j'étais chanteur.

Si seulement je savais jouer de la guitare ou de l'harmonica,

Les accords inspireraient la joie. Et l'harmonie.

J'ai rencontré mon amoureuse par hasard, sur un coup de chance.

Les questions n'ont jamais été posées, les réponses sont venues toutes seules.

J'étais sa gauche et elle était ma droite.

Nous avons grandi heureux ensemble. Nous nous aimions.

Nous avons exploré nos richesses. Nous avons agrandi nos pays.

Nous avons bâti un projet. Et l'amour a créé la vie.»

(69) Prefab Sprout. Bonny. Writer: Paddy McAloon.

«*Je compte les heures depuis que tu es partie*»

(70) Charles Bradley. Changes. Writers: John Osbourne, Frank Iommi, William Ward, Terence Butler.

«*Je traverse des changements*»

(71) Years and Years. King. Album : Communion (2015).

«J'étais un roi sous ton contrôle

Je veux me sentir comme si tu m'avais laissé partir

Donc laisse-moi partir»

(72) Johnny Hallyday. Quand L'aigle Est Blessé. Album : Jeune Homme (1968).

(73) Alain Bashung. Madame rêve. Written by Alain Bashung, Pierre Grillet • Copyright © Universal Music Publishing Group, BMG Rights Management US, LLC.

(74) Fleetwood Mac. Dreams. Paroliers : Stevie Nicks © Kobalt Music Publishing Ltd.

«C'est tout à fait normal que tu

Joues de la façon que tu veux

Mais écoute attentivement le son

De ta solitude»

«Dans l'immobilité du souvenir de ce que tu avais

Et de ce que tu as perdu, et de ce que tu avais, et de ce que tu as perdu»

(75) Leonard Cohen. Anthem. Copyright © 1992 Leonard Cohen and Sony/ATV Music Publishing Canada Company.

«Il y a une faille en toute chose

C'est ainsi qu'entre la lumière.

Nous avons demandé des signes

Nous en avons reçu»

(76) Ace of Base. Life Is a Flower. Paroliers : Jonas Berggren © Sony/ATV Music Publishing LLC, Warner/Chappell Music, Inc.

«*La vie est une fleur*

Si précieuse dans ta main

Continue à sourire

Et le monde sourira avec toi»

(77) Yusuf/Cat Stevens : «You Can Do (Whatever)!», extrait de l'album «The Laughing Apple».

«*Tout ce que tu désires peut se réaliser*

Tu peux regarder le monde passer devant tes yeux

Ou tu peux le faire s'arrêter pour toi

Tu peux rester à la maison ou braver une tempête

Quand souffle le blizzard»

(78) Fauve ≠. Blizzard. Paroliers : Quentin Postel / Pierre Cabanettes / Simon Martellozo / Stephane Muraire / Nicolas Dardillac © Sony/ATV Music Publishing LLC, Sony ATV Music Publishing France.

Sommaire

Prologue 9
L'amour. L'Amour. 13
Le romantisme 17
La chance. 21
Le rêve 25
Le voyage 29
L'effort. Le travail. 35
La vie 39
New York I Love You. 43
Mes Petits Princes 47
La joie et la tristesse 51
Le stress 53
La maladie 55
L'attente 59
La souffrance. La douleur. 63
Le temps. La paix. 65
44 69
Le chemin. La route. 73
L'absurde. L'injustice. 77
La peur. The Fear. 79
La mort. L'hypnose. 83
L'énergie 87

Le deuil. Les accidents. 91
La musique. La mélancolie. 95
Le plaisir. Le sexe. 101
L'amitié. La famille.. 105
Le Petit Prince... 107
Le livre. Mon projet de tri. 109
Épilogue. 111
Références et traductions 113

N•1. La perche d'Orion.

N•2. La perche d'Adrien.

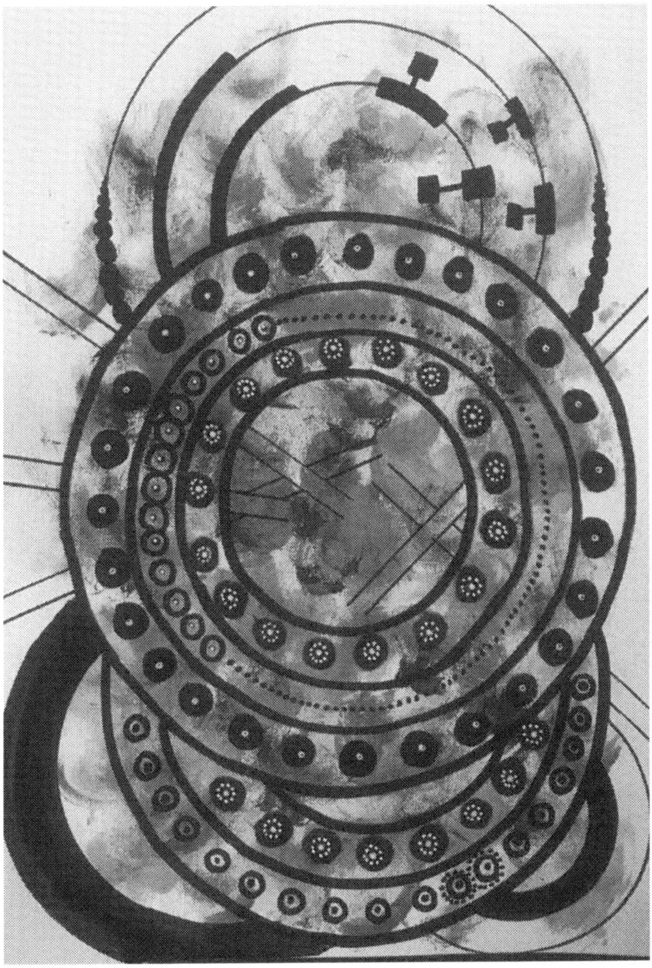

N•3. La perche de Schroedinger.

N•4. L'ultime perche.

N•5. La mécanique de la perche.

http://entreprendre-editions.com/#Livres

Entreprendre Editions

23898191R00087

Printed in Poland
by Amazon Fulfillment
Poland Sp. z o.o., Wrocław